Vorwort

Schimpfwörter begleiten die Geschichte unserer Sprache mehr oder weniger von Anbeginn. Anfangs waren es noch eher Gesten, durch die Stimmungen signalisiert wurden. Doch im Lauf der Zeit entwickelten sich zusammen mit der allgemeinen Sprache auch die Schimpfwörter – wissenschaftlich »Maledictum« (Plural: Maledicta) genannt.

Inzwischen gehören sie aus sprachwissenschaftlicher Sicht zu den rhetorischen Stilmitten und einige von ihnen haben eine durchaus lange Historie. Dabei ist es gar nicht immer so einfach, ein Wort konkret den Schimpfwörtern zuzuordnen. Denn bei vielen Begriffen kommt es zusätzlich auf die Art an, wie sie verwendet werden. So kann ein mit passender Mimik und Tonlage versehenes »Du Schwein!« sowohl aggressiv als Schimpfwort als auch neckend – im Sinn von: »Das hätte ich auch gern …« – gemeint sein. Im Grunde kann beinahe jedes Wort, wenn es mit verachtender oder hasserfüllter Gestik und dem entsprechenden Tonfall »untermalt« wird, als Schimpfwort dienen.

Nichtsdestotrotz haben sich über die Zeit viele Schimpfwörter sozusagen einen Namen gemacht, während andere ganz neu dazugekommen sind und so manchen Beschimpften zum Grübeln bringen, wie man es denn nun auffassen soll, zum Beispiel als »Lauch« bezeichnet zu werden.

Damit keine Langeweile aufkommt, sind in diesem Buch die ältesten, modernsten und verrücktesten Schimpfwörter zusammengefasst und – soweit möglich – mit Erläuterungen versehen. Dieses Buch soll nämlich keine Anregung zum kreativen Schimpfen darstellen, sondern unserer Sprache neugierig auf den Grund gehen – auch und gerade dort, wo ihre Verwendung weniger hehre Absichten hat.

Viel Spaß beim Lesen und Schimpfen wünscht
Petra Cnyrim

AAA-Batterie

---•———•———•---

Das ist eine besonders kleine Batterie, die sogenannte Mikrozelle. Hier handelt es sich um ein relativ modernes Schimpfwort, das erst in den 2000ern »entwickelt« wurde. Die AAA-Batterie steht als Synonym für klein, schmächtig und gewöhnlich, da sie in den meisten herkömmlichen Kleingeräten wie etwa Kameras zur Verwendung kommt. Wenn man jemanden als »AAA-Batterie« bezeichnet, möchte man ihm sagen, dass er ein unwichtiger »Normalo« ist.

Aabeemick

---•———•———•---

Aabeemick ist im rheinhessischen Dialekt die Bezeichnung für eine Schmeißfliege, die sich gern in der Nähe von Dreck und Kot aufhält. Entstanden ist das Schimpfwort wahrscheinlich zu Zeiten, als es noch Aborte beziehungsweise Plumpsklos gab. Das Wort wird verwendet, wenn einem jemand lästig ist oder sich ähnlich wie eine Fliege nicht abwimmeln lassen will.

Aal

Ein »Aal«, ist jemand, dem man nicht traut – wendig, glitschig und fast nie um eine Ausrede verlegen. In dem Fall handelt es sich um eine sogenannte Tiermetapher, die oft als Schimpfwort eingesetzt wird, um dem Beschimpften klarzumachen, dass er weniger wert als ein Mensch ist. Dazu kommen dann noch die Eigenschaften des jeweiligen Tiers, die auf die Charaktereigenschaften umgemünzt werden. Auch Begriffe wie Aalfresse oder Aalauge werden als Schimpfwörter verwendet.

Aas oder Aasfresser

Das Wort »Aas« stammt aus dem Mittelhochdeutschen und bedeutet: »Fleisch eines toten Körpers«. Es ruft automatisch den Gedanken an stinkendes, verfaulendes Fleisch hervor. Oder man denkt an einen Aasgeier, der sich über einen Kadaver hermacht. Deshalb werden auch meistens Menschen so genannt, von denen man meint, dass sie hinterhältig auf ihre Chance warten, sich ohne Rücksicht auf Verluste alles unter den Nagel zu reißen.

Trotzdem kann der Begriff manchmal zwar als Schimpfwort, aber mit einer gewissen Anerkennung gebraucht werden. Zum Beispiel: »... dieses Aas!« Die genaue Herkunft ist nicht bekannt, auffallend oft wird beziehungsweise wurde es aber in der Gegend um Berlin benutzt. Man kann den Gebrauch als Schimpfwort in diesem Fall bis ins 12. Jahrhundert zurückverfolgen!

Abschaum

Schon in der Bibel war die Rede von »Abschaum«. Mit dem Begriff wollte der Apostel Paulus darauf hinweisen, dass der Stand der Apostel zur damaligen Zeit ein sehr schwieriger war, da die meisten sie mit Verachtung straften. Als Abschaum werden umgangssprachlich schon seit dem 15. Jahrhundert Menschen bezeichnet, die als »wertlos« angesehen werden. Bis heute gilt das Wort als eine schwere Beleidigung. Der Ursprung der Bezeichnung findet sich in der Küche: wenn etwas gekocht wird, entsteht oft Abschaum – zum Beispiel beim Kochen von Rinderbrühe. Diese wertlosen Ausflockungen werden in den Abguss geschüttet.

Abschiedswinker

Modernes Schimpfwort, selten in Gebrauch. »Abschiedswinker« bezeichnet einen zu netten, eher verweichlichten Charakter.

Achselhaarflechter/ Achselhaarföhner

Damit ist ein übergenauer beziehungsweise sehr akribischer Mensch gemeint. Auch dieses Wort gehört zu den Schöpfungen der Gegenwart und ist am besten mit »Haarspalter« zu vergleichen.

Achtstundenschläfer

Dieses Schimpfwort ist eher neckend gemeint und bezieht sich auf Menschen, die schnell »schlapp machen« beziehungsweise darauf bestehen, ohne acht Stunden Schlaf nicht richtig zu funktionieren.

Adder

Mit »Adder« war früher die Schlange gemeint, ähnlich wie »Natter«. Später wurde daraus auch der »Adderkopp« im Dialekt (vor allem in der Gegend um Luxemburg), das bedeutete so viel wie: eigensinniger Mensch, Dickkopf. Aber auch aufbrausende Charaktere wurden gern als »Adder« bezeichnet.

Affe

Ein typisches Beispiel für Schimpfwörter, die sich auf Tiere beziehen. Im Lauf der Jahrhunderte haben sich viele solcher Bezeichnungen etabliert. »Affe« bezeichnet jemanden, der den Tieren ähnlicher ist als den Menschen. Eine Abwertung, die denjenigen als dumm und instinktgeleitet darstellen soll. In diesem Zusammenhang gibt es weitere Schimpfwörter, die schon ein paar hundert Jahre auf dem Buckel haben, wie zum Beispiel »Affengesicht« oder »Affenschwanz«. Beide sind schon in einer Sammlung der deutschen Schimpfwörter von 1839 festgehalten.

After

Zum Thema »After« gibt es gleich eine ganze Vielzahl an Schimpfwörtern. Sie setzen sich aus »After« und einem anderen Wort zusammen, beziehen sich aber am Ende alle auf den Anus als Aus-
scheidungsorgan. Damit soll gezeigt werden, wie viel der andere
wert ist. Die Kombinationen sind beinahe endlos, deshalb kommen
auch immer wieder neue »Erfindungen« dazu. Beispiele hierfür sind:
Afterforscher, Afterkriecher, Afterlecker oder Afterstöpsel.

Aktenwurm

Einer der milden Klassiker unter den Schimpfwörtern. Wann er
genau dazu wurde ist nicht ganz sicher, naheliegend könnte ein Zusammenhang mit dem Bild *Der Aktenwurm* von Carl Spitzweg sein.
Der Maler schuf im 19. Jahrhundert einige Werke, die manche An-
gewohnheiten der Menschen mit einem Augenzwinkern darstellten.
Im Lauf der Zeit kamen dann viele Nachfolger des Aktenwurms
zur Sprache, wie zum Beispiel der Aktenreiter, Aktenfresser oder
Aktenkrämer. Alle haben eines gemeinsam, und das ist die Bedeutung, denn ganz egal was der Beschimpfte am Ende mit Akten
»anstellt« – er wird als »Erbsenzähler« oder, moderner gesagt, als
»Nerd« hingestellt.

Alberling

Gehört definitiv zu den »älteren Herrschaften« der Schimpfwörter. Der Begriff wurde schon 1485 erwähnt. Es handelt sich, wie es die Bezeichnung schon sagt, um einen albernen, nicht ernst zu nehmenden Menschen, der mit seinem Verhalten anderen oft gehörig auf die Nerven gehen kann.

Allerweltshure/ Allerweltsnutte

Diese beiden Schimpfwörter könnte man wohl als die modernen Nachfolger von »Allmannshure« bezeichnen. Auch sie stehen ihrem Vorgänger in nichts nach. Wann sie entstanden sind, ist allerdings nicht genau zu sagen.

Allesintütenpacker/
Allesgleicherlediger

Beides relativ neue Wortschöpfungen mit einer typischen Methode: Es werden mehrere Wörter zu einem verbunden, das somit eine abwertende Funktion bekommt. Diese Art der Neuschöpfung von Schimpfwörtern ist ungefähr seit den 90er-Jahren des vergangenen Jahrhunderts sehr beliebt und bietet schier unendliche Möglichkeiten. In diesem Fall könnten man, was die Bedeutung betrifft, den althergebrachten »Spießer« als Synonym verwenden.

Allmannshure

Hier bewegen wir uns in der Vergangenheit. Das Wort wurde schon in einem Lexikon von 1838 (*Das Deutsche Schimpfwörterbuch*) festgehalten. Man benutzte es, um dem Schimpfwort »Hure« noch eins draufzusetzen. Diese zutiefst abwertende Beleidigung würde auch heute noch ihre Wirkung nicht verfehlen.

Ampel

Selbst die Ampel ist immer wieder Namensgeberin für diverse boshafte Wortkombinationen, die in ihrer Bedeutung der Bezeichnung
»Weichei« nahekommen. Die Schimpfwörter, die sich daraus ergeben, sind allesamt in der relativ nahen Vergangenheit entstanden –
logischerweise, denn Ampeln existieren erst seit 150 Jahren. Sie
dann zum Schimpfwort umzufunktionieren dauerte noch ein paar
Jahrzehnte. Inzwischen gibt es schon mehrere Versionen:

- Ampelanhalter
- Ampelanroller
- Ampeldrücker
- Ampelgelbbremser
- Ampelüberseher

Anal

Wohl eines der beliebtesten Schimpfwörter – die Kombination mit »Anal«. In diesem Fall könnte man eine Aufzählung machen, die wahrscheinlich einige Kilometer lang wäre. Die meisten Bezeichnungen davon sind aber doch eher im Spaß gemeint und gewinnen den Betroffenen eher ein Lächeln ab als Zorn. Bei den eher neuen Wortkombinationen sind dem Erfinder im Grunde keine Grenzen gesetzt:

- Analadmiral
- Analakrobat
- Analakustiker
- Analangler
- Analatmer
- Analbaron
- Analbergsteiger
- Analbitch
- Analbruder
- Analdildolutscher
- Analdrüsenausquetscher
- Analerotiker
- Analfistel
- Analflötenspieler
- Analfrisöse
- Analgesicht
- Analgezeugter
- Analgourmet
- Analhaarkämmer
- Analheld
- Analhupe
- Analknecht
- Analkotzer
- Analkriecher
- Analligator
- Analpisser
- Analqueen
- Analtelefonist
- Analwurm
- Analzylinder

Anfänger

Ein sehr beliebtes Schimpfwort, das immer wieder Phasen der Renaissance erlebt. Seit wann es genau existiert, ist nicht bekannt. Aber jemanden dafür zu hänseln, dass er/sie etwas zum ersten Mal und damit vielleicht nicht ganz gut macht, ist wohl eine der ältesten Arten des Beschimpfens, seit es Menschen gibt.

Angeber

Inzwischen weniger ein richtiges Schimpfwort als eine Beschreibung. Trotzdem sollte nicht in Vergessenheit geraten, dass der Angeber schon ziemlich lange – auf alle Fälle über hundert Jahre – sein Unwesen treibt und im 19. Jahrhundert sehr wohl eine richtige Beleidigung darstellte. Heute stellt man damit eher eine negative Eigenschaft eines Menschen fest – wirkliche Emotionen sind aber meistens nicht mehr zu finden.

Angsthase

Ein Angsthase ist jemand, der sich schnell und oft ängstigt. Die Wortherkunft ist in diesem Fall besonders interessant. Denn vorrangig bringt man den Hasen mit einem Fluchttier in Verbindung, das sich bei Gefahr sofort davonmacht. Dabei ist der Hase an sich gar nicht so ängstlich, wie man denkt. Wahrscheinlicher ist, dass der Begriff im Lauf der Zeit eine Veränderung hin zum Angsthasen gemacht hat. Denn ursprünglich bedeutete das Wort »hasze« »verfolgt werden«. Der ganz frühe Begriff bedeutete also: »Der von der Angst Verfolgte«. Eine Wortzusammensetzung, die nicht durch das Verhalten des Tiers geprägt wurde, sondern durch ihre etymologische Bedeutung.

Anstandswauwau

———•———

Sozusagen eine Verunglimpfung der Anstandsdame. Diese war fast bis zur Mitte des vergangenen Jahrhunderts ein gängiges »Mittel«, um junge, unverheiratete Mädchen vor Annäherungsversuchen des männlichen Geschlechts zu bewahren. Meistens handelte es sich dabei um ältere Damen aus der Verwandtschaft wie zum Beispiel eine Tante, die ihren Schützling dann zu Verabredungen begleitete. Dass dies natürlich nicht immer im Sinn der jungen Verliebten war, liegt nahe, weshalb die Anstandsdame dann auch bald zum Anstandswauwau wurde. Die Bezeichnung eines Hundes kam daher, dass die Anstandsdamen, ähnlich wie ein Hund, nie von der Seite des schützenswerten Mädchens wich. Trotzdem ist »Anstandswauwau« kein schlimmes Schimpfwort – ansonsten hätte man ja auch den Begriff Anstandshund wählen können. Die Verniedlichungsform »Wauwau« deutet darauf hin, dass die jungen Damen zwar oft genervt, aber am Ende vielleicht auch etwas gerührt von der Fürsorge ihrer Familie waren. Der Begriff gehört somit auch unbedingt zu den erhaltenswerten Schimpfwörtern mit Charme aus längst vergangenen Zeiten.

Apfel

Selbst der gute alte Apfel kann zum Schimpfwort mutieren, wenn man ihn mit den »richtigen« Begriffen kombiniert: Apfelbacke, Apfelbaumficker, Apfelkernficker, Apfellecker, Apfelschorlenschlucker. In dem Fall bezieht sich die Beleidigung meistens entweder auf das Aussehen, wie zum Beispiel bei »Apfelbacke« oder auf eine bestimmte Schwäche, die zum Ausdruck gebracht werden soll, wie bei »Apfelschorlenschlucker«. Generell sind diese Schimpfwörter aber mehr als Spaß denn als echte Beleidigung gemeint.

Arsch

Das Wort an sich bietet schon seit jeher eine der grundlegendsten Beleidigungen überhaupt, und das noch dazu in den meisten Sprachen. In diesem Fall gibt es eine interessante Unterscheidung – während »Du Arsch« inzwischen nicht immer unbedingt als ernst gemeinte Beleidigung durchgeht, ändert sich das ganz schnell, sobald ein Adjektiv mitbenutzt wird. Denn wenn man als »blöder Arsch« oder als »dummer Arsch« bezeichnet wird, versteht das keiner mehr als Frotzelei.

Arsch

Auch als Vorsilbe bietet sich »Arsch« immer wieder als beliebte Komponente für Beschimpfungen an, mit der man unzählige Neuschöpfungen kreieren kann. Einer der Vorreiter ist der altbekannte Begriff »Arsch mit Ohren«. Er existiert schon seit Jahrzehnten und ist auch immer mal wieder zu hören. Wörter mit der Vorsilbe »Arsch« gab es schon vor einigen Hundert Jahren. In Texten aus dem 19. Jahrhundert findet man Kombinationen wie Arschkucker oder Arschkröte – zur damaligen Zeiten müssen sie durchaus beliebt gewesen sein. Ein paar Beispiele zu den moderneren Varianten, die man unendlich weiterführen könnte, sind:

- Arschablecker
- Arschantilope
- Arschaufreißer
- Arschbackenkasper
- Arschbackentoni
- Arschbock
- Arschbombe
- Arschdepp
- Arscheule
- Arschkrapfen
- Arschmade
- Arschwurst

Arschloch

Einer der Klassiker unter den Schimpfworten bekommt hier noch seinen eigenen Platz. Das Wort ist schon seit dem 11. Jahrhundert belegt und stammt aus dem Althochdeutschen: »arsloh«. Doch »Arschloch« ist nicht nur ein Klassiker, weil es sich so lange gehalten hat, sondern auch, weil es diese Beschimpfung in allen germanischen Sprachen gibt. Das Schimpfwort hat sich im Lauf der Zeit sogar dermaßen in unsere Sprache integriert, dass es in einigen Rechtsformen sogar eigens aufgeführt wird und damit den »Tatbestand« der Beleidigung erfüllt.

Aslak

Das Wort kommt vom türkischen Wort »asalak« und bedeutet so viel wie Schmarotzer. Es gehört zu den eher modernen Schimpfwörtern, die sich aus anderen Sprachen ableiten und hauptsächlich in der Jugendsprache verwendet werden. Oft werden solche Wörter schnell wieder durch neue ersetzt.

Asmodi

Das ist ein böser Geist, der in mehreren Religionen vorkommt. In der Bibel ist er für den Tod von sieben Männern verantwortlich. Aber auch in anderen Erzählungen wird der Begriff immer mit einem bösen Dämon in Verbindung gebracht. Man kann deshalb davon ausgehen, dass es dieses Schimpfwort schon sehr lange gibt, obwohl es heute nicht mehr sehr populär ist.

Asozialer oder Assi

Ursprünglich handelte es sich hierbei nicht um ein Schimpfwort. Ein asozialer Mensch war laut Definition eine Person, die sich nicht in die Gesellschaft einfügen kann oder will. Erst mit der Zeit wurde daraus ein Schimpfwort, das auch je nach Zusammenhang an Schärfe gewinnt oder verliert. In der Jugendsprache ist es zum Beispiel eine eher harmlosere Beleidigung, während es aus dem Mund von Erwachsenen, in bestimmten Situationen und mit der entsprechenden Verachtung gepaart, zu einem wirklich böse gemeinten »Titel« werden kann.

Assel

Ein typisches Beispiel für Schimpfwörter aus der Zoologie. Denn das Tier an sich ist eine kleine Krebsart, die sich am liebsten in dunklen und feuchten Gebieten aufhält. Man assoziiert damit auch die Kellerassel, die, zumindest in der Umgangssprache, für einen feuchten und unsauberen Keller/Haushalt steht. Die Assel symbolisiert also Dunkelheit und Dreck, beziehungsweise eine Kreatur, die sich nicht nach draußen traut. Die Wortherkunft kommt vermutlich aus dem lateinischen »asselus«, was so viel wie Eselchen bedeutet. Das hat wahrscheinlich mit der Farbe der Asseln zu tun. Mit der Zeit sind auch noch Abwandlungen entstanden, die aber keine andere Bedeutung haben, so wie Asselarsch oder Asselkopf.

Atomkopf/Atomstirn

Eine sehr persönliche Beleidigung. Hier wird auf ein auffallendes Äußeres angespielt, wie zum Beispiel einen großen Kopf oder eine hohe Stirn.

Atomschlumpf

In dem Fall geht es wohl eher um einen Spaß – ein schönes Beispiel für die Kreativität der Sprache.

Aufgestellter Mausdreck

Ein Dialekt-Ausdruck aus dem Bairischen. Damit sind Wichtigtuer gemeint, die alles besser wissen. Der mit einem Schmunzeln begleitete Begriff bezieht sich hauptsächlich auf Kinder – Dreikäsehochs, die sich wichtigtun und meinen immer Recht zu haben. Mit diesem, man könnte fast »Koseschimpfwort« sagen, deutet man an, dass der Beschimpfte nicht wichtiger als ein aufgestellter Mäusehaufen ist.

Aufpasser

Eine Art Synonym für »Streber«. Gemeint ist damit ein überaufmerksamer und überfleißiger Mensch. Gleichzeitig wird ihm auch ein Hang zur Ängstlichkeit oder Übervorsichtigkeit zugeschrieben, denn der Aufpasser wittert oft Gefahr, wo im Grunde keine droht.

Aufreißer

Das ist eine Person, die oft und viele neue Bekanntschaften hat. Die Bedeutung ist aber trotzdem eine tiefere, denn einem Aufreißer kann man nicht vertrauen, er ist oberflächlich und egozentrisch. Dieses Schimpfwort ist ein typisches Beispiel für Begriffe, die sich durch die Assoziationen, die sie auslösen, auszeichnen; das Wort selbst enthält keine Beleidigung.

Aufschneider

Das Wort ist umgangssprachlich seit dem 17. Jahrhundert bekannt. Zuvor war es schon im 16. Jahrhundert im Spätmittelhochdeutschen als Tätigkeitsbeschreibung gängig: Dabei ging es um das Schneiden und Öffnen von Speisen bei Tisch. Dazu wurde meist ein großes Messer verwendet, was dann hundert Jahre später zu der umgangssprachlichen Verwendung für jemanden benutzt wurde, der gern prahlte oder Lügen »auftischte«. Es waren die Wichtigtuer, die mit großen Messern schnitten. Der Aufschneider ist eines der wenigen Worte, das sich bis heute, über einen so langen Zeitraum, gehalten hat.

Aufschössling

Obwohl diese Bezeichnung nicht mehr in Gebrauch ist, kann sie aber bis etwa zum Anfang des vergangenen Jahrhunderts mit einer langen Geschichte aufwarten. Der Begriff Aufschössling stammt von »Schössling« ab, dem jungen Trieb einer Pflanze. Im 18. und 19. Jahrhundert waren damit meist die Sprosse wohlhabender Familien gemeint, die sich wichtiger nahmen, als sie es tatsächlich waren. Heute könnte man den Aufschössling mit einem Angeber oder Wichtigtuer vergleichen.

Ausgeburt der Hölle

Der Begriff ist schon seit dem 17. Jahrhundert belegt, aber es ist davon auszugehen, dass es ihn schon wesentlich länger gibt. Selbst in Goethes Werk *Der Zauberlehrling* findet diese Beleidigung ihren Platz, und das nicht ohne Grund, denn die Bezeichnung »Du Ausgeburt der Hölle« ist an Theatralik selbst heutzutage kaum zu überbieten. Denn in diesem Fall ist keine Fäkalsprache oder der Vergleich mit bestimmten Tieren nötig, um eine wirklich tiefgreifende Beleidigung auszusprechen. Wenn man als das Schrecklichste, was es (zumindest in der gläubigen Welt) in diesem Universum geben kann, bezeichnet wird, weiß man, dass die Wirkung im Lauf der Jahrhunderte nicht nachgelassen hat.

Außenseiter

Auch hier verfehlt die Beschimpfung ihre Bedeutung nicht. »Du Außenseiter« mag auf den ersten Blick vielleicht harmlos klingen, wenn man aber genauer hinsieht beziehungsweise hineinspürt, ist das schon wieder eine andere Sache. Denn wer möchte schon ein Außenseiter sein? Die meisten nicht – und das war nicht nur früher so, sondern ist es auch heute noch. Dieses Schimpfwort erlebt sogar eine Art Revival, denn gerade in der heutigen Gesellschaft, in der es so sehr um Dazugehörigkeit und Ansehen geht, ist der Begriff Außenseiter eine Bezeichnung, die viele nicht gern über sich ergehen lassen. Im Sport (vor allem im Pferderennsport) hat sich die Bezeichnung schon Ende des 19. Jahrhunderts etabliert, wenn auch nicht als direktes Schimpfwort – dennoch räumte man dem Außenseiter kaum eine Chance ein. Ungefähr zur selben Zeit benutzte man das Wort auch in der Börsensprache – hier bezeichnete man damit Unternehmen, die nicht an der Börse notiert waren und denen man keine allzu großen Gewinnchancen zusprach. Nach der Jahrhundertwende nutze man das Wort Außenseiter immer mehr im allgemeinen Sprachgebrauch.

Aushilfs...

— ◆ —

Zum Thema »Aushilfe« gibt es auch wieder einen bunten Strauß an Wortschöpfungen, die alle relativ neu sind. Da wären zum Beispiel Aushilfsamöbe, Aushilfsräuber oder Aushilfsterrorist. Diese Schimpfwörter haben alle eines gemeinsam – den Beschimpften soll klargemacht werden, dass sie nicht viel können – wie eine Aushilfe eben. Sie kennt sich (noch) nicht aus und macht mitunter viele Fehler. Eine mehr oder weniger witzige Art, dem Gegenüber mitzuteilen, was man von ihm oder seiner Arbeit hält.

Autoantennenabschrauber/ Autobahnrechtsfahrer

— ◆ —

Mit diesen beiden Begriffen sollen all jene angesprochen werden, die alles ein bisschen zu genau nehmen beziehungsweise zu vorsichtig sind. Hier ist die »Beschimpfung« nicht unbedingt als solche gemeint, sondern eher eine lustige Veräppelung – denn wer hat noch nie seine Antenne abgeschraubt oder ist auf der Autobahn rechts gefahren?

Automatikfahrer

Gehört in die Kategorie der modernen, aber eher witzig gemeinten »Schimpfwörter«. Es entstammt der Zeit, in der die meisten Autos hierzulande mit einer Gangschaltung ausgestattet waren. Diese zu bedienen erfordert in den Augen jener, die das Schimpfwort verwenden, mehr autofahrerisches Können als »einfach nur« auf Gas oder Bremse eines Automatikwagens zu treten.

B

Baakauf/Barkalb

Das Baakauf oder Barkalb war im Aachener Dialekt ein Monster, das sich nachts auf den Rücken der Menschen setzte, um sich von ihnen in ihre Häuser tragen zu lassen. Der Sage nach wurde das einem Werwolf ähnliche Tier immer schwerer, je mehr die Menschen unter ihm fluchten. Andersherum wurde es aber auch leichter, wenn man anfing zu beten. »Baakauf« selbst war noch kein Schimpfwort, aber aus ihm wurde später »Bagergeest«, was dann zum echten Schimpfwort mutierte. Ein Bagergeest war gleichzusetzen mit dem Plage- oder Quälgeist. Denn »Gebager« war ein Synonym für nächtliches Herumstreichen und »Geest« ein altes Mundartwort für den Geist. Dennoch wurde dieses Schimpfwort nur im Dialekt gebaucht und verschwand ungefähr zur Jahrhundertwende.

Baamoff

Ein österreichisches Dialekt-Schimpfwort, das vor allem in der Steiermark vorkam. Inzwischen ist auch es schon wieder ausgestorben. Mit diesem Ausdruck wollte man den Beschimpften klarmachen, dass sie intellektuell nicht recht viel mehr zu bieten hatten als ein Affe auf dem Baum. Sehr nahe kommt dem Baamoff der bayerische »Aff«, der im Grunde die gleiche Bedeutung hat und im Vergleich zum Baamoff auch heute noch immer wieder gern zum Einsatz kommt.

Bäffer

Der Bäffer ist ein Mensch, der ständig über alles und jeden schimpft. Das Wort kommt aus dem pfälzischen Dialekt. Es wird dort recht vielseitig verwendet. So gibt es zum Beispiel den »Bäffzger«: Dabei handelt es sich um das tierische Pendant zum maulenden Menschen: einen Hund, der immer bellt. Es gibt aber auch die »Bäfferei«, also das »Geschimpfe« und »bäffern« als Verb. Wenn jemand bäffert, dann schimpft er vor sich hin.

Bänkelsänger

Der Begriff »Bänkelsänger« ist inzwischen ausgestorben, war aber ein oft benutztes Synonym für ein »Klatschmaul«. Ursprünglich waren die Bänkelsänger ab dem Mittelalter bis ins 19. Jahrhundert gern gesehene Gäste auf den Marktplätzen der Dörfer und Städte. Denn die Bänkelsänger wussten immer von den neuesten Geschichten zu berichten, die sich gerade im Land abgespielt hatten. Und das auch noch auf äußerst dramatische Weise. Bei ihrem Gesang ging es um Mord und Totschlag, Klatsch und Tratsch aus der Politik und um die aktuellsten und fürchterlichsten Katastrophen. Heute könnte man sie mit der Regenbogenpresse vergleichen. Daraus entwickelte sich mit der Zeit ein Schimpfwort, das aber ungefähr seit Anfang/ Mitte des vergangenen Jahrhunderts wieder in Vergessenheit geriet.

Bärbeißer

Das Wort hat seinen Ursprung im 18. Jahrhundert. Damals wurden spezielle Hunde zur Bärenjagd gezüchtet. Damit sie gegen die riesigen Bären eine Chance hatten, wurden sie groß und schwerfällig gezüchtet. Dadurch erhielten sie ein grimmiges Aussehen. Und genau diese körperlichen Merkmale, in Zusammenhang mit der im wahrsten Sinne des Wortes »Verbissenheit« der Hunde, trug dazu bei, dass sich die Bezeichnung der Rasse zu einem sehr populären Schimpfwort entwickelte. Bärbeißer nannte man einen grimmigen, grobschlächtigen Menschen mit wenig Sinn für Humor. Er war genau wie die Hunde – stur und sehr direkt. Trotzdem war »Bärbeißer« nie eine schlimme Beleidigung, die unter die Gürtellinie ging. Im Grunde sagte man damit, dass dieser Mensch zwar nicht unbedingt einfach und freundlich ist – dafür aber sehr verlässlich in allem, was er tut. Der Begriff bestand bis weit in das 20. Jahrhundert hinein; erst gegen dessen Ende begann das langsame Aussterben des Wortes.

Babbelhans

Wurde bereits in einer Sammlung der Aachener Mundart von 1836 erwähnt. Schon damals stand das Wort »Babbler« für jemanden, der zu viel redet – einen Schwätzer also. Babbelhans war die Bezeichnung für eine Plaudertasche, die anderen zuweilen ziemlich auf die Nerven gehen konnte. Inzwischen ist Begriff leider fast ausgestorben.

Babyface

Das englische Wort steht ursprünglich für Menschen, die ein sehr rundes, kindhaftes Gesicht haben. Wie lange Babyface schon genau als Beleidigung existiert, ist nicht sicher belegt. Was aber ganz klar nachgewiesen werden kann, ist die Verwendung des Worts als Spitzname. In dieser Funktion ist das Babyface nämlich schon seit Anfang des vergangenen Jahrhunderts bekannt. Ironischerweise war der Name vor allem bei Verbrechern sehr beliebt. Da gab es zum Beispiel den Bankräuber Babyface Nelson (1908–1934). Sein Name war in Wirklichkeit zwar Lester Gillis, aber bekannt wurden seine Überfälle, und damit auch er, unter dem Namen Babyface Nelson. Er verübte in den 1930er-Jahren einige spektakuläre Einbrüche, sah dabei aber immer wie ein Jugendlicher, beinahe wie ein Kind aus. Auch die Musikbranche bediente sich immer wieder dieses Ausdrucks, schon in den 1920er-Jahren gab es Musiker, die sich Babyface nannten In diesem Fall kommt es wohl auch wieder auf den Zusammenhang und die Betonung an, mit der das Wort benutzt wird oder wurde. Denn das Babyface hat zwar eine lange Geschichte, ist aber definitiv auch vom Aussterben bedroht.

Bachant

Der schon im 16. Jahrhundert bekannte Begriff Bachant war damals eine Art Synonym für einen herumziehenden Tunichtgut. Ein Bachant zog durch die Lande und hielt sich mit Gaukeleien und Betrügereien über Wasser. Oft waren auch Menschen damit gemeint, die kein stetes Leben führten und dem Alkohol zugewandt waren. So wird auch die Entstehung des Wortes hergeleitet: Bacchus, Sohn des Zeus, war in der antiken Mythologie der Gott des Weins.

Bachusbruder/Bachusknecht

Diese beiden Beleidigungen hatten ihr Hochphase schon vor einigen Hundert Jahren. Schriftlich erwähnt wurden sie dann spätestens im 19. Jahrhundert. Auch in diesen Fällen war der Gott Bacchus der Namensgeber und die Bedeutung ist damit klar: Ein Bachusbruder oder -knecht war ein Mensch, der dem Alkohol verfallen war. Wahrscheinlich war »Bachusknecht« die noch etwas beleidigendere Form, denn ein Knecht des Alkohols ist nicht in der Lage mit dem Trinken aufzuhören.

Backpfeifengesicht

Die »Backpfeife« existiert schon seit dem 19. Jahrhundert und war wahrscheinlich eine Umdeutung der »Ohrfeige«. Heute wird das Wort im Grunde nicht mehr benutzt. Ein Backpfeifengesicht kann jemand sein, der ein Gesicht hat, das man am liebsten ohrfeigen würde. Es kann aber auch bedeuten, dass man auf unfreundliche Weise klarmachen möchte, dass jemand so aussieht, als hätten auch schon andere diese Idee gehabt.

Backstreetboyssympathisant

In diesem Fall scheiden sich wohl die Geister, ob es sich um ein Schimpfwort oder um ein Lob handelt. Es kommt dann wohl einfach darauf an, zu welcher Gruppe man sich in den 1990er-Jahren gezählt hat. Damit sind auch Entstehungszeit und Hochphase des Wortes klar umrissen.

Badewannenstöpselsitzer

Ein relativ neues und harmloses Schimpfwort. Gibt es in einem Haushalt zwei kleine Kinder, so behält das Erstgeborene beim Baden oft sein Vorrecht auf die »gute« Seite der Badewanne, während das jüngere Kind auf dem Abfluss, dem Stöpsel, platznehmen muss.

Badewannentaucher

Man könnte auch »Feigling« sagen. Auf alle Fälle ist der Begriff neu und selten. In diese Kategorie gehören auch die anderen »Badewannenschimpfwörter« wie Badewannenbefruchter, Badewannenpirat oder Badewannenpisser.

Bagage

Das französische Wort bedeutet eigentlich »Gepäck«. Es wurde im 16. Jahrhundert in die deutsche Sprache übernommen. Irgendwann bezeichnete man damit dann aber nicht mehr nur mitgeführte Gepäckstücke, sondern auch einen Tross von Menschen. Denn zu dieser Zeit schlossen sich immer wieder Menschen einem Heer an, um mit ihm durch die Lande zu ziehen. Dadurch hatten die sehr armen Menschen bessere Überlebenschancen, als wenn sie ohne Arbeit und Einkommen an einem Ort geblieben wären. Bei einem Heer gab es immer etwas zu tun, womit man sich etwas Geld verdienen konnte, oder zumindest fand man Abfälle, von denen man leben konnte. Dieser Tross der Armen hing an einem Heer wie ein Gepäckstück, das nicht mehr loszuwerden war – die sogenannte »Bagage«. Ein anderes Wort für diese bettelarmen Menschen war auch »Gesindel«. Deshalb änderte sich die Bedeutung des neutralen Ausdrucks »Bagage« dann mit der Zeit auch immer mehr zum abfälligen Schimpfwort. Bis vor kurzer Zeit waren Ausdrücke wie: »diese dreckige Bagage« oder »Drecksbagage« gängige Schimpfwörter, die man relativ häufig benutzte. Erst mit Beginn des 21. Jahrhunderts kam der Begriff aus der Mode und wurde von Neuschöpfungen ersetzt.

Bagalut

Das Wort stammt aus dem Norddeutschen und bedeutet: »Rüpel« oder »Schuft«. Manchmal wurde aus »Bagalut« auch »Backalute«, wobei die Bedeutung gleichbleibt. Auch dieser Begriff ist mittlerweile nicht mehr gebräuchlich, war aber früher ein wohlbekanntes Schimpfwort. Man geht davon aus, dass das Wort aus dem Englischen abgeleitet wurde. Da es von der Bedeutung her mit »Gauner« vergleichbar war, handelte es sich um keine wirklich böse gemeinte Beschimpfung, sondern eher um eine Feststellung mit einem zwinkernden Auge. Im Dialekt ist das Wort auch heute noch gebräuchlich.

Bahnhofs...

Zum Thema Bahnhof gibt es auch die ein oder andere Idee ein Schimpfwort zu gestalten. Da wäre zum Beispiel »Bahnhofshure«, dicht gefolgt von »Bahnhofsschlampe«, »Bahnhofspenner« und »Bahnhofsstricher«. Allesamt kann man sie nicht gerade zu den »netten« Schimpfwörtern zählen. Sie zielen auf Menschen ab, die sich oft an Bahnhöfen herumtreiben oder es müssen. Wahrscheinlich taucht deshalb auch häufig die Prostitution in den Zusammensetzungen auf.

Bajazzo

In Italien heißt Bajazzo »Clown«. In Deutschland war der Bajazzo auch zuerst ein Synonym für den Zirkusclown, bis er später in verschiedenen Dialekten zum Schimpfwort wurde, das man mit »Hanswurst« oder dem Clown mit negativer Bedeutung gleichsetzen kann. Der Bajazzo wird auch immer gern bei Fastnachtsumzügen als Narrenfigur gezeigt. Im 19. Jahrhundert widmete der italienische Komponist Ruggero Leoncavallo dem Bajazzo sogar eine ganze Oper. In dem Fall ist der Bajazzo ein betrogener Ehemann, der wie ein trauriger Clown von seiner Frau vorgeführt wird.

Balg

»Was für ein schreckliches Balg!« Diesen oder ähnliche Aussprüche gab es über Jahrhunderte hinweg. Belegt ist das Schimpfwort schon seit dem 8. Jahrhundert. Es stammt von dem mittelhochdeutschen »balc« ab, das eine abgezogene Tierhaut bezeichnete, die man auf der Jagd erbeutet hatte. Im Lauf der Zeit wurde daraus eine Beschimpfung für ungezogene oder freche Kinder. Mittlerweile ist das Wort zwar immer noch im Gebrauch, interessanterweise aber oft in einer völlig gegenteiligen Bedeutung. Es wird neckend positiv benutzt, wie zum Beispiel bei: »Das ist aber ein süßer Balg.«

Balkon...

Auch der gute alte Balkon, dem man eigentlich keine negative Bedeutung zugetraut hätte, findet einen Platz in der Liste der Schimpfwörter – und das gleich in mehreren Variationen, wie Balkongriller, Balkongärtner oder Balkonkind. Alle sind ihrer Bedeutung sehr ähnlich, denn in diesem Fall steht der Balkon für Spießigkeit. Alle, die gern auf dem Balkon sitzen oder das Ganze auch manchmal übertreiben, werden mit ironischer Häme überzogen.

Banane...

Mit »Banane« verhält es sich ähnlich wie mit anderen Komponenten von Schimpfwörtern, die für sich allein einfach nur Bezeichnungen für Dinge sind. Sobald sie dann aber durch einen zusätzlichen Begriff in einen anderen Zusammenhang gerückt werden, verändert sich auch ihre Bedeutung bis hin zum Schimpfwort – wie in diesen Beispielen:

- Bananenbestäuber
- Bananenbieger
- Bananengeradebieger
- Bananenfetischist
- Bananenficker
- Bananenhengst
- Bananenhure
- Bananenlutscher
- Bananenschalenausrutscher

Banause

Immer wieder begegnet man diesem Wort, das, so wie es aussieht, wohl nie aus der Mode kommen wird. Der Banause ist ein Mensch ohne Sinn für Bildung und Kunst. Mit diesem Schimpfwort unterstellt man ihm/ihr aber auch gleichzeitig, einfach zu dumm zu sein, um sich mit derart intellektuellen Dingen zu befassen. Den Banausen gibt es schon seit der Antike, damals nannte man ihn/sie »banausos«. Gemeint waren damit Menschen, die keinen Zugang zu der Welt der Gelehrten hatten. Das heißt, dass damit jeder, der irgendeine körperliche Tätigkeit wie ein Handwerk, Landwirtschaft oder Handel betrieb, betroffen war. Zu dieser Zeit muss es vor Banausen nur so gewimmelt haben. Denn diejenigen, die sich nur der Bildung des Geistes widmen konnten, weil sie finanziell abgesichert waren, waren eher dünn gesät. Obwohl es nicht mehr so häufig benutzt wird, hat sich das Wort trotzdem bis heute gehalten.

Bankert

Bankert ist ein veraltetes Schimpfwort für ein uneheliches Kind. Der Begriff wurde hauptsächlich in Bayern verwendet. Er stammt vom mittelhochdeutschen »banchart« ab. Die Vorsilbe »ban« bezog sich auf die Bank. Man wollte damit bildlich ausdrücken, dass ein uneheliches Kind auf einer Bank mit einer Magd gezeugt wurde. Der hintere Wortteil »hart« entspricht der Endung »hard«, die in vielen deutschen Namen vorkommt, zum Beispiel in »Bernhard«. Diese wirklich äußerst abwertende Beleidigung wurde hauptsächlich vom 19. bis zur Mitte des 20. Jahrhunderts im Dialekt verwendet.

Baraber

Auch bei diesem Wort handelt es sich um ein bayerisches Schimpf-wort. Es entstand während der Bauarbeiten zum Innkanal in den 1920er-Jahren. Damals wurden die vielen Hilfskräfte, die aus Ita-lien kamen, um das Bauvorhaben fertigzustellen, Baraber genannt. Man ist sich nicht ganz einig, ob das Wort vom italienischen »par-lare« (sprechen) oder vom tschechischen »poroba« (Knechtschaft, Unterjochen) kommt. Doch letztendlich entwickelte sich das Wort zu einem deftigen Schimpfwort und kam immer mehr der Bedeutung von Handlanger, Spitzbube oder Gauner nahe.

Barbar

Eines der ältesten Schimpfworte überhaupt. Erstmals wurde es in den Schriften Homers erwähnt, aber man kann davon ausgehen, dass es sogar noch länger existiert. Das Erstaunliche ist, dass sich dieses Wort über die ganzen Jahrhunderte in seiner Bedeutung nicht verändert hat. Denn schon zu Homers Zeiten nutzte man den Begriff »Barbaren« für alle Völker, die kein Griechisch sprachen beziehungsweise nicht an die Götter der griechischen Sagen glaubten. Es waren aus Sicht der Griechen also ungebildete, unzivilisierte Menschen. Noch erstaunlicher ist allerdings, dass die Römer, die aus Sicht der Griechen selbst Barbaren waren, den Begriff eins zu eins übernahmen und den »barbarus« daraus machten – mit derselben Bedeutung. Seitdem wird der Barbar über die Jahrhunderte und Kulturen hinweg immer dann als Schimpfwort eingesetzt, wenn man jemandem sagen will, dass er ungebildet und unzivilisiert ist. Der Barbar ist am Ende sogar als eine Bezeichnung für eine ganze Entwicklungsphase der Menschen in die Geschichtsbücher eingegangen. In diesem Zusammenhang war der Begriff zwar kein direktes Schimpfwort, dennoch wurde er auch hier für Naturvölker verwendet, die sich mehr durch Jagen und Sammeln als durch Lehre und Wissen auszeichneten. Es waren auch die sogenannten »wilden« Völker, die man als Barbaren bezeichnete.

Bartputzer

Ein sehr altes Schimpfwort, das schon im Mittelalter verwendet wurde, wenn man einen Friseur beleidigen wollte. Da es auch damals schon zur Tätigkeit eines Friseurs gehörte, Bärte zu stutzen und wieder salonfähig zu machen, wurde die Bezeichnung Bartputzer immer dann benutzt, wenn man ein Hühnchen mit einem der Friseure zu rupfen hatte. Interessanterweise taucht der Begriff aber auch in einem ganz anderen Zusammenhang in den Märchen der Gebrüder Grimm auf: Hier war mit dem Bartputzer die Katze gemeint, eine der Hauptfiguren in dem berühmten Märchen *Die Bremer Stadtmusikanten*. In dem Fall passt der Begriff eben auch perfekt, ohne dass man ihn als Schimpfwort sehen muss.

Bastard

Obwohl der Bastard wohl eines der geläufigsten und ältesten Schimpfwörter überhaupt ist, sollte man wissen, dass es anfangs in einem anderen Zusammenhang verwendet wurde. Es existierte schon im Mittelhochdeutschen, also in der Zeit zwischen 1050 und 1350 und wurde für Kinder verwendet, die außerehelich von einem Adeligen gezeugt worden waren. Der Ausdruck Bastard hielt diesen Zustand einfach nur fest, ohne dass es auch umgangssprachlich als Schimpfwort gängig war. Er beinhaltete auch, dass dieses Kind zwar unehelich, aber trotzdem vom Vater anerkannt war. In bestimmten Fällen konnte ein Bastard sogar noch als Erbe eingesetzt werden. Zu dieser Zeit war der Begriff eher ein Kompliment, denn damit konnte der Betroffene (es ging in dem Fall meistens nur um die Söhne) nachweisen, dass er von höherer Abstammung war. Zum Schimpfwort wurde diese Bezeichnung erst später – als die Adeligen die Nachkömmlinge, die nicht ganz »reinen Blutes« waren, als minderwertig betrachteten. Außerdem waren zu dieser Zeit auch in der Kirche die unehelichen Kinder nicht gern gesehen, was die Verwendung des Schimpfwortes noch verstärkte.

Batzenschmelzer

Schon seit dem 19. Jahrhundert bekannt, aber inzwischen wieder ausgestorben. Ein Batzenschmelzer war zu damaligen Zeiten ein Geldverschwender. Denn »Batzen« war ein anderes Wort für Geld. Damals mussten zum Beispiel manche Schüler ein Schulgeld von ein paar Kreuzern – oder eben einen ganzen Batzen Schulgeld – bezahlen. In dieser Verwendung ist der »Batzen Geld« auch heute noch gebräuchlich. Da es aber im 19. Jahrhundert für die meisten Eltern nicht gerade einfach war, das Schulgeld aufzutreiben, nannte man Kinder, für die das Geld aufgebracht werden musste, »Batzenschmelzer«.

Bauchpfaffe

Der Begriff »Bauchpfaffe« ist schon lange aus der Mode gekommen, war aber im Mittelalter ein durchaus gebräuchliches Schimpfwort. Im Gegensatz zu einem Gottespfaffen war der Buchpfaffe nämlich einer, der sich hauptsächlich um sein leibliches Wohl kümmerte. Seine Religion war sozusagen das Essen. Das wurde dann auch durch den Körperumfang, dem Bauch, ganz klar sichtbar. Mit dem Bauchpfaffen betitelte man Menschen, denen man sagen wollte, dass sie faul und fett seien.

Bauch...

— ◆ ◆ ◆ —

Auch wenn »Bauchpfaffe« aus der Mode gekommen ist, haben ihn schnell neuere Wortschöpfungen ersetzt. Sie sind allesamt keine sehr beleidigenden Schimpfwörter und letzten Endes können immer wieder neue erschaffen werden: Baucheinzieher, Bachhöhlenforscher, Bauchnabelfussel, Bauchschläfer und so weiter.

Bauer

— ◆ ◆ ◆ —

Bei dem Begriff »Bauer« verhält es sich ähnlich wie bei Ausdrücken mit der Vorsilbe »Arsch«. Auch hier gibt es eine Vielzahl an Abwandlungen. »Bauer« ist zuerst einmal eine völlig neutrale Berufsbezeichnung, wurde aber irgendwann zum Schimpfwort. Mittlerweile gibt es so viele »Neuschöpfungen«, dass hier nur einige davon erwähnt sein sollen. Letztendlich hat sich in der Bedeutung aber, trotz der vielen Varianten, nichts geändert:

- Bauernbursch
- Bauernflegel
- Bauernfünfer
- Bauerngesindel
- Bauernjunge
- Bauernlümmel
- Bauernschädel
- Bauerntrampel
- Bauerntölpel

Baum...

— • —

Auch der an sich so friedliche Baum gibt immer wieder etwas her, wenn es um die Schöpfung von neuen Schimpfwörtern geht. Vielleicht liegt es an der Unbescholtenheit des Baums, dass alle mit ihm zusammenhängenden Schimpfwörter zum einen nicht wirklich unter die Gürtellinie gehen und zum anderen den Beschimpften immer als Feigling darstellen.

- Baumausweicher
- Baumbefruchter
- Baumjunge
- Baumkuschler
- Baumpisser
- Baumschmuser
- Baumschüler

Bazi

— • —

Ein althergebrachtes bayerisches Schimpfwort. Wann und wie es genau entstanden ist, ist etymologisch nicht sicher belegbar. Trotzdem erfreut sich der Begriff schon seit Langem an seinem Dasein, wenn es darum geht, jemandem charmant mitzuteilen, dass er ein Schlitzohr beziehungsweise ein kleiner Gauner ist. »Bazi« ist aber mit einem zwinkernden Auge aufzunehmen und nie als ernst gemeinte oder wirklich boshafte Beleidigung.

Bazillenschleuder

Dieses Schimpfwort stammt wahrscheinlich aus den 70er-Jahren des vergangenen Jahrhunderts. Gemeint ist damit entweder ein Mensch, der gerade eine ansteckende Krankheit durchmacht, oder jemand, der ohne Hand vor dem Gesicht seine Bakterien in der Gegend »herumschleudert«.

Beckenrandschwimmer

Dieses Wort steht für eine Vielzahl von Beleidigungen, zu denen auch »Bedienungsanleitungsleser« gehört. Negativ ausgedrückt könnte man in beiden Fällen auch von Spießern oder Feiglingen sprechen. Wann sich die Begriffe entwickelt haben, ist nicht bekannt. Viele Schimpfwörter solcher Art sind jedoch eher jung und halten sich nicht sehr lange im Sprachgebrauch.

Beidl

Ein Schimpfwort, das im bayerischen und österreichischen Dialekt vorkommt. Ursprünglich bezog sich das Wort auf das männliche Geschlechtsteil – den Hodensack –, wurde mit der Zeit aber auch als Synonym für »Idiot«, beziehungsweise »Depp« verwendet. Obwohl es nicht sicher geklärt ist, kann man davon ausgehen, dass es den Begriff wohl schon vor der Jahrhundertwende zum 20. Jahrhundert gegeben haben muss. Aus ihm haben sich mehrere Ableitungen ergeben, wie etwa »Beidlklatscha« oder »Beidllutscher«. Auch »Beidlschneider« ist, beziehungsweise war, ein sehr beliebtes und gängiges Dialektschimpfwort. Es ist gleichzusetzen mit »Aufschneider« oder »Betrüger«. Vor allem im Mittelalter war der Begriff »Beidl-» oder »Beutelschneider« ein häufig benutzter Begriff für den Taschendieb. Die Diebe gingen damals meist in sehr belebten Gegenden zum Werk, wo sie den Passanten im Vorübergehen die an den Gürteln baumelnden Geldbeutel abschnitten, oft ohne dass diese etwas davon mitbekamen.

Bengel

Im Mittelhochdeutschen war der »bengel« ein Stock oder Prügel. Erst im 16. Jahrhundert wurde der Begriff dann auch angewendet, wenn man zum Ausdruck bringen wollte, dass es sich bei dieser Person (meistens einem Mann) um einen ungehobelten Kerl handelte. Diese Bedeutung hat er auch heute noch. Wobei mit »Bengel« ungefähr seit Mitte des vergangenen Jahrhunderts auch liebevoll ein Kind gemeint sein kann – der Lausebengel. In dem Fall wäre er dann am ehesten mit dem Dreikäsehoch vergleichbar.

Beppo

Ein umgangssprachlicher Begriff für einen tollpatschigen und eher langsamen Menschen. Ein Synonym hierfür wäre zum Beispiel »Depp«.

Bergaufbremser

Wann und wo der Begriff entstand, ist nicht geklärt. Die eher witzig gemeinte Beleidigung erklärt sich von selbst – wer bergauf bremst, zeichnet sich durch eine gewisse Übervorsichtigkeit aus und ist mit einem Feigling gleichzusetzen. Abwandelungen von dem Begriff sind Bergbremser oder Berghochbremser.

Berserker

Heute hauptsächlich im Straßenverkehr präsent. Wenn man sagen möchte, dass jemand wie ein Wahnsinniger fährt, fällt oft das Wort »Berserker«. Es stammt ursprünglich aus dem Nordischen und stand im Mittelalter für Krieger, die im Rausch der Schlacht nichts mehr um sich herum wahrnahmen. Sie hatten sich in einen Blutrausch gekämpft, in dem es kein Halten mehr gab. Und genau darauf zielt das Schimpfwort auch heute noch ab – es beschreibt einen Menschen, der völlig kopflos handelt und damit andere in Gefahr bringt.

Berufsopfer

Jemand, der sich das Opferdasein zum »Beruf« gemacht hat und sich damit auch immer eine gute Ausrede geschaffen hat, Verantwortungen zu umgehen. Der Begriff ist wahrscheinlich ungefähr in den 1980er-Jahren entstanden und eher selten zu hören.

Besen

»Was für ein hässlicher Besen!« Jede Frau, die mit dieser Beleidigung betitelt wird, ist auch heute noch genauso erschüttert, wie sie es schon im 16. Jahrhundert war. Schon damals musste das Putzgerät als Namensgeber für ein wirklich gemeines Schimpfwort herhalten. Eine Frau, die mit einem (meist kam noch der Zusatz »dreckiger«) Besen verglichen wurde, hatte es mit einer extrem abwertenden Beschimpfung zu tun. Was sich aber damals oft auf die Reinlichkeit der beschimpften Dame bezog, hat sich mit Zeit in seiner Bedeutung geändert und zielt inzwischen hauptsächlich auf das Aussehen ab. Nichtsdestotrotz gibt es den »Besen« auch heute noch als Schimpfwort, das in seiner Wirkung nicht nachgelassen hat.

Besenkammer...

— ••• —

Auch dieses Wort gibt immer wieder Anlass zu neuen (Schimpf-) Wortschöpfungen. Da wären zum Beispiel: das Besenkammerkind, die Besenkammernutte und der Besenkammerunfall. Allesamt beziehen sie sich auf die Besenkammer als anscheinend immer wieder beliebtes Versteck für ein verbotenes Stelldichein – mitsamt den daraus resultierenden Ergebnissen.

Besserwessi

— ••• —

Kam einige Jahre nach der deutschen Wiedervereinigung in Mode. »Wessi« war die Bezeichnung für die im Westen lebenden Deutschen. »Besser« bezog sich auf »besserwisserisch«, denn das Verhalten mancher »Westbewohner« gab den Bürgern der neuen Bundesländer manchmal das Gefühl, von oben herab behandelt zu werden. Der »Besserwessi« ist ein echter Zeitzeuge, denn er entstand nach der Wende, ist aber inzwischen fast wieder ganz verschwunden.

Besserwisser

Der gute alte Besserwisser dient zwar heute nicht mehr so oft als Vorlage für ein Schimpfwort, ist aber immer noch da. Interessant ist an diesem Begriff vor allem, dass er ganz einfach und in einem Wort aussagt, um was es geht. Er existierte schon im 19. Jahrhundert und wird wahrscheinlich nie ganz aussterben, weil er eben alles, was man sagen möchte, in einem ganz klaren Wort ausdrückt. Eine lustige Variante im bayerischen Dialekt ist »Gscheidei«. Warum in diesem Fall aber gerade ein Ei für Wichtigtuerei herhalten muss, ist zumindest etymologisch nicht wirklich abgeklärt. Doch auch dieses Wort gibt es schon seit geraumer Zeit und es wird auch immer wieder gern benutzt.

Bestie

Dieses Wort gibt es schon seit einigen Hundert Jahren. Inzwischen wird es nicht mehr so häufig verwendet wie früher, aber gerade, wenn man jemandem eine wirklich tiefsitzende Beleidigung ins Gesicht schleudern will, ist man mit »Bestie« immer noch gut bedient. Eine solche Beschimpfung bedeutet absolute Verachtung. Denn eine Bestie ist ursprünglich ein wildes und todbringendes Tier, dessen Bedeutung auf den Menschen bezogen, umso schlimmer ist. Einer Bestie oder einem bestialischen Menschen fehlen Mitgefühl und Empathie – er handelt rein nach den niederen Instinkten. Wahrscheinlich ist das auch der Grund dafür, dass dieser Begriff oft in Zusammenhang mit besonders schlimmen Gewaltverbrechen fällt.

Betonkopf

Der Begriff bezieht sich hauptsächlich auf politische und gesellschaftliche Denkweisen. Ein Betonkopf ist ein Mensch, der, egal wie die Gegenseite argumentiert, doch immer wieder an seinem alten Muster oder Denkschema festhält. Er lässt sich durch nichts und niemanden abbringen und ist sich dabei aber immer sicher, recht zu haben. Für ihn ist es nur eine Frage der Zeit, bis auch endlich alle anderen verstanden haben, dass sein Weg doch von Anfang an der Richtige war. Das Schimpfwort hatte seine Hochphase zur Zeit der Wende, Ende der 80er-, Anfang der 90er-Jahre, als man damit meist die stur in der Ideologie der DDR verhafteten Funktionäre bezeichnete. Entwickelt hatte es sich allerdings schon vor der Öffnung der Mauer, wurde zu dieser Zeit aber noch nicht offen ausgesprochen. Erst als die Wende vollzogen war, breitete sich das Schimpfwort umgangssprachlich aus und schwappte dann auch relativ schnell in den Westen über. Inzwischen bezieht sich der Betonkopf auf alle politischen Sturköpfe.

Betriebsunfall

Bei diesem Schimpfwort ist gleich klar, was gemeint ist – jemand, den es nach Meinung des Beschimpfenden eigentlich gar nicht geben sollte. Wenn man möchte, kann man dann auch noch hineininterpretieren, dass es sich bei diesem Menschen um ein Zufallsprodukt einer Mittagspause handelt.

Betrüger

Der gute alte Ausdruck »Betrüger« gehört auch zu den Evergreens der Schimpfwörterparade. »Betrüger« kommt von »trügen«, was gleichbedeutend mit täuschen oder in die Irre führen ist. Vorgänger zu diesem Begriff ist das Wort »triogan«, das es schon seit dem 8. Jahrhundert nach Christus gab. Ein Betrüger, der anderen durch Hinterlist Schaden zufügt, war schon immer ein verhasster Mensch. Deshalb ist diese Beleidigung auch schon seit dem 17. Jahrhundert bekannt und setzte sich dann im 19. Jahrhundert endgültig als Schimpfwort durch. Ein Betrüger war schon im 16. Jahrhundert ein Synonym für Lug und Trug – für arglistige Täuschungen. Die Bezeichnung steht auch heute noch für Heuchler, Schwindler und Lügner – und gehört damit nach wie vor zu den wirklich ernst gemeinten und verletzenden Schimpfwörtern.

Bettler

Obwohl das Wort »Bettler« ja im Grunde nur eine Beschreibung ist, hat es sich im Lauf der Zeit zu einer Beschimpfung gewandelt. Interessant ist, dass der Begriff zwei Bedeutungen hat. Zum einen ist er immer noch die nüchterne Beschreibung eines Daseins. Zum anderen eine so abwertende Beschimpfung, dass sie heute nur noch in seltenen Fällen benutzt wird. Meistens kommt sie sogar eher aus Sicht des Betroffenen zum Einsatz, was sie noch einzigartiger macht. Zum Beispiel: »Ich kam mir vor wie ein Bettler um Almosen.« oder »Die haben mich wie einen Bettler behandelt, nur weil ich …«

Das Wort »betalon« (für bitten und flehen) gibt es bereits seit dem 9. Jahrhundert. Mit der Zeit haben sich daraus noch andere abwertende Redewendungen entwickelt wie: »Die sind ja bettelarm.« oder »Diese Bettelei ist ja furchtbar ...«

Bierdimpfel

Der bayerische »Bierdimpfel« existiert zumindest nachweislich schon seit Mitte des 20. Jahrhunderts. Man kann aber davon ausgehen, dass es den Begriff schon viel länger gibt. Seine Hochphase hatte diese Beschimpfung zwischen den 1970er- und 1990er-Jahren. Damals wurden Mitmenschen, die viel Zeit in Wirtschaften verbrachten, um ein Bier nach dem anderen zu trinken, gern als Bierdimpfeln bezeichnet. Man könnte auch sagen, es ist die charmante Wortvariante von »Saufbold«. Zusammengesetzt ist der Begriff aus »Bier« und »Dimpfel«. Wobei die Herkunft von »Dimpfel« nicht ganz offiziell geklärt ist. Es heißt, ein Dimpfel sei ein eher ungebildeter Mensch, der sich hauptsächlich für persönliche Genüsse erwärmen kann, während ihm der Rest der Welt relativ egal ist. Um ein bayerisches Synonym zu verwenden, könnte man auch einfach »Depp« sagen. Und vielleicht heißt auch deswegen der etwas langsame Polizist in dem Buch *Räuber Hotzenplotz* von Ottfried Preußler zufälligerweise »Dimpfelmoser«.

C

Cabalenmacher

Der Ausdruck ist heute fast ausgestorben. Am ehesten ist er mit dem Wort »Intrigant« zu vergleichen – es geht also um jemanden, der hinter dem Rücken anderer Unheil stiftet. Man geht davon aus, dass der Begriff im 17. Jahrhundert entstanden ist. Zu dieser Zeit war ein »Cabale« Mitglied einer geheimen Gruppe, die sich hauptsächlich damit beschäftigte, ihre eigenen Belange durchzusetzen – und das mit Hilfe unlauterer Mittel. Manchmal wurden von diesen Gruppen auch weitreichende Intrigen gesponnen, um einen Widersacher oder Feind auf hinterhältige Weise zum Schweigen zu bringen. Man geht davon aus, dass sich der Ausdruck von »Cabal« herleiten lässt. Das war ein Begriff, den Karl der II. von England ins Leben rief. Gemeint waren damit die Mitglieder des damaligen Ministeriums: Clifford, Ashley, Buckingham, Arlington und Lauderdale.

Cabriogeschlossenfahrer

Auch das ist ein anderer Ausdruck für althergebrachte Wörter wie »Spießer« oder »Feigling«. Der Begriff wird allerdings eher selten verwendet.

Camper

Eine abfällige Bezeichnung für Menschen, die sich gern verstecken und abwarten, was anderen passiert, um dann ganz in Ruhe zu entscheiden, ob sich das Risiko lohnt weiterzumachen. Also ein modernes Wort für »Feigling«. Entstanden ist der Begriff in der Gamingszene (s. auch »Cheater«), wo diejenigen Spieler verpönt sind, die sich in bestimmten Szenen nicht dem Kampf stellen, sondern nur abwarten, was mit den Mitspielern passiert. Manchmal kommt aber auch noch eine zusätzliche Bedeutung hinzu. Das ist dann der Fall, wenn nicht nur abgewartet, sondern den anderen auch in den Rücken gefallen wird – es handelt sich also zudem um einen »hinterhältigen« Feigling.

Canaille

Der gute alte Ausdruck »Canaille« (inzwischen auch »Kanaille« geschrieben) ist bis heute in Erinnerung geblieben, obwohl er schon im 17. Jahrhundert aus dem Französischen übernommen wurde. Anfangs benutzte man den Begriff noch mehr für ganze Gruppen, die man beleidigen wollte. Damals ging die Bedeutung in Richtung: »Pack« oder niederes Volk. Doch diese Bedeutung änderte sich schnell und geriet in Vergessenheit. Populärer war das Schimpfwort dann, als nur ein Mensch damit gemeint war. In diesem Zusammenhang stand es für einen niederträchtigen Charakter, der keine Gemeinheit auslässt. Der Begriff wurde hauptsächlich bis zum Ende des vergangenen Jahrhunderts verwendet.

Charakterschwein

Mit einem Charakterschwein will wohl am Ende keiner etwas zu tun haben. Wahrscheinlich begegnet aber doch jeder in seinem Leben einem, oder wenn er/sie Pech hat, gleich mehreren Charakterschweinen. Angenehm wird die Erfahrung dann zwar bestimmt nicht, aber wenigstens bietet sie einen triftigen Grund, um das Schimpfwort mit Fug und Recht benutzen zu können. Denn ein Charakterschwein, also ein Mensch, der seine Freunde oder Familie im Stich lässt oder betrügt sollte wohl am besten auch wissen, was man von ihm hält. Wann und wo das Charakterschwein seinen Ursprung hat, ist nicht geklärt. Was man aber sicher sagen kann, ist, dass der Begriff schon seit Mitte des 20. Jahrhunderts in Umlauf ist und sich auch heute noch immer mal wieder hören lässt. Das wird wohl auch noch so lange bleiben, wie es Charakterschweine gibt.

Chaya

Ein modernes Schimpfwort, das seine Wurzeln bei den Roma und Sinti hat. Grundsätzlich hatte das Wort erst einmal keine schlechte Bedeutung – im Gegenteil, es stand für »Frau« und »Leben«. Deshalb kommt es auch immer noch auf den Kontext an, in dem das Wort verwendet wird. Es kann heutzutage einfach nur »Mädchen« bedeuten. Manchmal wird es sogar als Kompliment verwendet – im Sinn von »ein heißes Mädchen«. In einem anderen Zusammenhang wird es aber ganz schnell zu einem durchaus abfälligen Schimpfwort. Denn dann bedeutet es nichts anderes als »Schlampe«.

Chaya ist ein typischer Begriff der Jugendsprache der 20er-Jahre dieses Millenniums. Er ist höchstwahrscheinlich in der Frankfurter Gegend populär geworden und dann durch die Medien (wie Instagram und Facebook) weiterverbreitet worden. Somit ist der Begriff stellvertretend für eine große Zahl neuer Begriffe, die aus verschiedenen Sprachen entlehnt und durch die Jugendkultur und deren Medien relativ schnell verbreitet werden. Wie es mit der Haltbarkeit dieser Begriffe aussieht, kann man wahrscheinlich erst in ein paar Jahren beurteilen. Das männliche Pendant zu Chaya ist der Chabo.

Cheater

»To cheat« heißt übersetzt »betrügen«. Seit sich die ganze Welt im Internet tummelt, ist der Begriff »Cheater« zu einem gängigen Schimpfwort geworden. Denn besonders in der Gamingszene hat sich immer mehr eine ganz eigene Sprache, die sogenannte Gamersprache beziehungsweise der Netzjargon, herausgebildet. Die dort verwendeten Ausdrücke stammen hauptsächlich aus dem Englischen. Der Cheater ist ein Betrüger, der sich mithilfe bestimmter Tastenkombinationen oder anderer Kommandos einen Vorteil gegenüber anderen Mitspielern erschafft. Das ist dann vor allem bei Spielen unfair, in denen mehrere Spieler gegeneinander antreten, weil nicht alle über das gleiche Wissen verfügen und dadurch am Ende nicht mehr unter gleichen Bedingungen in den Wettbewerb einsteigen. Mittlerweile werden diese Ausdrücke aus der Gamersprache vor allem von Jugendlichen auch im alltäglichen Sprachgebrauch benutzt.

Cheeseburgergurkenesser

Es wird wohl immer ein polarisierendes Thema (zumindest bei der Jugend) bleiben, ob jemand seinen Cheeseburger mit oder ohne Gurke isst. Doch egal, welche Vorliebe sich im Lauf der Zeit dazu herausgebildet hat – der Cheeseburgergurkenesser scheint in der Unterzahl zu sein und wird deshalb auch abwertend tituliert. Wahrscheinlich könnte man ihn am ehesten mit dem »Freak« vergleichen.

Chefgrüßer/Chiliverweigerer

Diese beiden Wörter kann man gemeinsam betrachten, da sie dieselbe Bedeutung haben: Sie teilen dem Beschimpften auf verächtliche Weise mit, dass er/sie ein Feigling ist, der Angst vor der eigenen Courage hat.

Chromosomenfasching

Dieser Begriff klingt zwar zunächst witzig, kann aber schnell zu einer wirklich schwerwiegenden Beleidigung werden. Mit ihm werden Menschen bezeichnet, die man als hässlich empfindet.

Clerasiltestgelände

Jeder, der in seiner Jugend mit dem Thema Akne zu tun hatte, kennt die Marke »Clerasil« und weiß, wie schlimm es sein kann (vor allem in einem bestimmten Alter), auf diese Weise beschimpft zu werden. »Clerasiltestgelände« ist ein typisches Beispiel für eines der neueren Schimpfwörter, das ganz gezielt auf körperliche Mankos anspielt, für die der Betroffene nichts kann. Das Schwierige an dieser Art Schimpfwörter ist, dass sie im ersten Moment zwar für einige Lacher sorgen und so wirken, als wäre alles nur Spaß – sie für den Beschimpften aber oft eine bittere Pille sind, die es zu verdauen gilt und die ihre Wirkung nicht verfehlt. Diese inzwischen recht beliebte Art der Schimpfwörter kann man deshalb durchaus zu den schwerwiegenden Beleidigungen zählen.

Clochard

Eine alte Bezeichnung für Obdachlose. »Clochard« kommt aus dem Französischen und bedeutet so viel wie »Stadtstreicher«. Anfangs handelte es sich auch nicht um ein wirkliches Schimpfwort, deshalb war die Bezeichnung auch passender als zum Beispiel »Penner«. Im 19. Jahrhundert war ein Clochard eher ein Vagabund, der sich von all den Zwängen eines normalen bürgerlichen Lebens losgesagt hat, um völlig frei in den Städten leben zu können. Am beliebtesten war dabei die Vorstellung von einem Leben unter den Brücken von Paris. Das Thema wurde Anfang des 20. Jahrhunderts deswegen auch in vielen Filmen und Büchern aufgenommen. Mit der Zeit verlor der Begriff aber diese romantische Assoziation und wurde immer mehr zu einem durchaus ernst gemeinten Schimpfwort. Wenn man dann zur Mitte des 20. Jahrhunderts als Clochard bezeichnet wurde, war man zu Recht gekränkt. Inzwischen wird das Wort im alltäglichen Sprachgebrauch jedoch immer weniger verwendet.

Clown

Jemanden als Clown zu bezeichnen, ist eine ganz bestimmte Art, jemandem mitzuteilen, dass man nicht viel von ihm oder ihr hält. »Du Clown« kann allerdings auch in ganz verschiedenen »Ausprägungen« benutzt werden. Je nachdem in welchem Zusammenhang und Ton das Wort benutzt wird, kann es von einer nett gemeinten Frotzelei bis hin zu einer echten Beleidigung gedeutet werden. Die Bezeichnung »Clown« ist also auf alle Fälle sehr interessant, weil sie schon in ihrer eigentlichen Bedeutung zweideutig verstanden werden kann. Denn auf der einen Seite ist der Clown eine feststehende Berufsbezeichnung. Auf der anderen Seite wird das Wort auch ganz schnell zu einem echten Problem, wenn man zum Beispiel einen Ordnungshüter damit betitelt.

Crack...

—•———•◦•———•—

Dieses Schimpfwort taucht in verschiedenen Zusammensetzungen auf, die man beliebig fortführen kann. Crack ist eine Droge, die man auch als rauchbares Kokain bezeichnet. Sie gehört zu den am stärksten abhängig machenden Drogen der Welt. Das ist auch der Grund, warum Schimpfwörter, die mit der Vorsilbe Crack beginnen, zu den schlimmsten zählen. Menschen, die dieser Droge verfallen sind, geben dafür oft nicht nur ihr Hab und Gut, sondern auch ihre Persönlichkeit auf. Und genau darauf zielen Schimpfwörter wie Crackbitch, Crackhure, Cracknutte oder Crackschlampe ab. Auffallend ist, dass sich alle diese Schimpfwörter auf weibliche Opfer beziehen, die sich zum Teil unter menschenunwürdigen Verhältnissen neuen Stoff besorgen müssen. Wenn Männer auf die gleiche Weise beschimpft werden, wird das Wort einfach entsprechend abgewandelt – was aber im Schimpfwörterjargon eher eine Seltenheit ist.

D

Dackel...

Auch das beliebte Haustier gibt immer wieder Anlass zu Wortschöpfungen im Bereich der Schimpfwörter. Warum gerade der Dackel dafür herhalten muss, ist nicht belegt. Man kann aber davon ausgehen, dass die Größe des Hundes und auch sein Charakter Anlass dafür sein könnten. Das Wort »Dackel« taucht beispielsweise auf in:

- Dackelarsch
- Dackelficker
- Dackelpreuß
- Dackeltrainer
- Dackelzüchter

Dämlack

Kann als Vorgänger von »Depp« oder »Trottel« bezeichnet werden. Das Wort existiert nämlich schon seit dem 18. Jahrhundert und hat sich immerhin bis Mitte/Ende des vergangenen Jahrhunderts gehalten.

Dampfplauderer

Soweit man weiß, stammt das Wort aus dem Österreichischen. Der Ausdruck wanderte mit der Zeit über die deutsche Grenze und bürgerte sich auch hierzulande ein. Ein Dampfplauderer ist ein Mensch, der Unwahrheiten erzählt oder Geschichten erfindet, um sich in den Mittelpunkt zu stellen. Im Grunde geht es hierbei um das metaphorische Synonym von »Schwätzer« – es wird Dampf, also nichts als heiße Luft »geplaudert«. Deshalb wird der Ausdruck auch häufig verwendet, wenn es um Politiker beziehungsweise deren Aussagen geht.

Darm...

Auch in Bezug auf den menschlichen Darm haben sich im Lauf der Zeit immer mehr Schimpfwörter gebildet. Man hat herausgefunden, dass der Darm deshalb so gern als Vorsilbe für Schimpfwörter verwendet wird, weil die Deutschen, wenn es um Beschimpfungen geht, lieber auf fäkale Wörter zurückgreifen. Und damit sind sie, zusammen mit den Österreichern, fast die einzige Nation der Welt. In anderen Kulturen wird, wenn es um Beleidigungen geht, meistens auf sexuelle Dinge Bezug genommen. So beschimpfen zum Beispiel Amerikaner, Franzosen oder Italiener lieber mit Worten wie »putain« (französisch für Nutte) oder »cazzo« (italienisch für Schwanz). Das englische sexualisierte »Fuck off« wird im Deutschen mit »Scheiße« übersetzt. Die Vielfalt der Schimpfwörter mit der Vorsilbe »Darm« ist hierzulande groß und wird ständig erweitert:

- Darmablecker
- Darmdübel
- Darmficker
- Darmflorist
- Darmfresse
- Darmkopf
- Darmlutscher
- Darmwandgucker
- Darmzottenmassierer

Depp

Im österreichischen und bayerischen Dialekt eines der althergebrachtesten, meistbenutzten Wörter und deshalb sprachlich fest verankert. Doch Depp ist nicht gleich Depp. Das heißt, dass man den Begriff mit unterschiedlicher Auslegung gebraucht. Beispiel: »Ein Depp ist er – aber ein netter!« Hier handelt es sich um einen »liebenswerten Tollpatsch« – jemanden, der keiner Fliege etwas zuleide tut. Das kann sich allerdings schnell ändern, denn in einem anderen Zusammenhang kann das Wort durchaus eine ernst gemeinte Beleidigung sein: »Was bist du nur für Depp?!« oder: »Jetzt bist du der Depp für alle!« Daher kommt auch die Bezeichnung »Depp vom Dienst«. Etymologisch geht man davon aus, dass das Wort von »tapp« oder »täppisch« kommt, das seit dem 17. Jahrhundert belegt ist und so viel wie »ungeschickter Kerl« bedeutet.

Dickschädel/Dickkopf

Zwei Klassiker, die inzwischen nicht mehr so bissig gemeint sind wie sie es zum Beispiel im vergangenen Jahrhundert noch waren. Aber auch sie sind noch nicht ganz aus der Mode gekommen und wenn sie im richtigen Moment eingesetzt werden, immer noch durchaus beleidigend. Denn wer möchte in einer Auseinandersetzung schon gern als sturer, unverbesserlicher Mensch bezeichnet werden? Die beiden Wörter sind wahrscheinlich ungefähr Ende des 19. Jahrhunderts entstanden. Und manchmal ist es auch heute noch einfach treffend, wenn man den guten alten Dickschädel an den Mann oder die Frau bringt.

Dildokopf/Dildolutscher

Diese Wortzusammensetzung bezieht sich auf ein Sextoy und ist erst in den letzten Jahrzehnten entstanden – sie kann im richtigen Moment durchaus für Verblüffung oder einige Lacher sorgen. Auch hier lässt sich die Liste beliebig fortsetzen:

- Dildodiener
- Dildofee
- Dildofresser
- Dildokönig
- Dildomechaniker

Dillo

Das Wort kommt aus der Roma-Sprache und bedeutet so viel wie: »Dummkopf« oder »Verrückter«.

Dirne

Obwohl Dirne als Schimpfwort mittlerweile ausgestorben ist, ist die Bezeichnung noch durchaus bekannt und jeder weiß, um welche Art der Beleidigung es sich hier handelt. Schon im 13. Jahrhundert änderte sich die Bedeutung des Wortes von »Mädchen« hin zu »Dienerin« oder »Leibeigene«. In dem Fall bezog sich der Begriff hauptsächlich auf sexuelle Dienste. Damals verwendete man auch die Bezeichnung »Lustdirne«. Erst im 15. Jahrhundert wandelte sich die Bedeutung zu »Prostituierte«. Das hatte wahrscheinlich damit zu tun, dass sich zu dieser Zeit die Prostitution als Erwerbsgebiet etablierte. Trotzdem blieb aber auch die ursprüngliche Bedeutung »Dirne/Mädchen« noch bis ungefähr zur Mitte des 19. Jahrhunderts erhalten. Danach wurde das Wort tatsächlich nur noch als Beleidigung benutzt.

Dödel

Dieses Wort hat eigentlich zwei Bedeutungen: erstens »Trottel« und zweitens »Penis«. Während die erste Variante ein durchaus bekanntes Schimpfwort ist, kennen die zweite deutlich weniger Menschen. Das mag daran liegen, dass der Dödel als Synonym für Penis nur in der norddeutschen Umgangssprache bekannt ist. »Dödel« gehört auch zu den eher nett gemeinten Beleidigungen.

Volm

Ein österreichisches Schimpfwort, das grob übersetzt »Idiot« oder »Dummkopf« bedeutet. Meistens hat es aber eher eine liebevolle Bedeutung.

Doof...

Die Vorsilbe »doof« ist natürlich auch ein Klassiker, wenn es darum geht, jemanden zu beleidigen. Denn im Grunde ist es ganz egal, was danach noch folgt – es ist völlig klar, was man damit ausdrücken möchte. Das aus dem Mittelniederdeutschen stammende »dòf« bedeutete ursprünglich »taub«. Durch die Einschränkungen einer Taubheit schlossen damals die Menschen darauf, dass derjenige auch geistige Probleme haben muss. Deshalb entwickelte sich mit der Zeit die Bezeichnung »doof«. Sie wurde dann ab circa Anfang des 20. Jahrhunderts aus der Berliner Umgangssprache in den Rest des Landes getragen. Die Wortvariationen im Schimpfwörterbereich sind hier beinahe unerschöpflich, wie folgende Beispiele zeigen:

- Doofer
- Doofi
- Doofian
- Doofkopf
- Doofmann
- Doofmannsgehilfe
- Doofnudel
- Doofsack

Dreck...

Die Schimpfwörter mit »Dreck…« sind in Deutschland auch immer sehr beliebt, denn damit kann man ganz deutlich machen, wo das Gegenüber herkommt, beziehungsweise wo er oder sie wohl am besten hingehört:

- Drecksgöre
- Dreckhure
- Dreckskerl
- Dreckluder
- Drecksack
- Drecksschleuder
- Drecksschwein

Dumm...

Eine der ältesten und immer noch beliebtesten Formen der Beschimpfung. Und wahrscheinlich wird es auch immer wieder neue Schimpfwörter mit dieser Vorsilbe geben und einige werden nie aussterben:

- Dummbeutel
- Dummdepp
- Dummdödel
- Dummer
- Dummerchen
- Dummerle
- Dummkopf
- Dummschwätzer

E

E-Mail-Ausdrucker/ESP-Fahrer

Ein ESP ist ein elektronisches Stabilitätsprogramm zur Unterstützung des Fahrers beim Autofahren. Obwohl diese beiden Begriffe im wörtlichen Sinn überhaupt nichts miteinander gemein haben, sind sie, was die Bedeutung betrifft, gleich. Es geht wieder um die moderne Form von »Feigling« oder »Spießer«.

Egoist/Egozentriker

Das aus dem Lateinischen stammende Wort »ego« bedeutet »ich«. Egoisten sind also ichbezogene Menschen, denen ihr eigenes Wohl grundsätzlich wichtiger ist als das anderer. Seinen Ursprung hatte das Wort ungefähr Anfang des 18. Jahrhunderts, wobei es damals noch eher um eine philosophische Einstellung ging. Das heißt, damals nannte man diejenigen Egoisten, die davon ausgingen, dass alles, was in dieser Welt wirklich existiert, das Ich ist. Alles andere war nach dieser Überzeugung reine Vorstellung. Gegen Ende des 18. Jahrhunderts änderte sich die Bedeutung dann dahingehend, dass damit Menschen gemeint waren, die selbstsüchtig nur an sich und ihr eigenes Wohl gedacht haben. Diese Bedeutung ist auch heute noch gültig, wenn jemand als »Egoist« oder »Egozentriker« beschimpft wird.

Einfaltspinsel

Schon im Althochdeutschen gab es den Begriff: »einfalti«. Er stand für Einfalt und Einfachheit. Im 11. Jahrhundert änderte sich dies dann in »einfältig«, wobei man damit naive oder arglose Menschen bezeichnete. Zu dieser Zeit bekam der Begriff schon die Bedeutung, die er noch heute trägt: dumm, leichtgläubig oder töricht. »Pinsel« hieß früher »Mensch« – und ursprünglich »Geizhals« oder »niederträchtiger Mensch«. Im 18. Jahrhundert wurde daraus dann der »Einfaltspinsel«, dem man vorerst nur in studentischen Kreisen begegnete. Am populärsten war das Schimpfwort zwischen Mitte und Ende des vergangenen Jahrhunderts.

Elefant im Porzellanladen

Diese eigentlich eher umständliche Beschimpfung hat es trotz allem geschafft, zu einem altbekannten Ausdruck zu werden, wenn man jemandem sagen will, dass er/sie sich tollpatschig bis trampelig verhält. Interessant ist, dass dieselbe Formulierung in Frankreich existiert und nur leicht abgeändert im Englischen. Man bezieht sich auf die Statur des Elefanten, die sich in einem Porzellanladen bestimmt nicht gut machen würde. In der freien Wildbahn sind die Tiere allerdings alles andere als trampelig – sie erkunden meistens sehr vorsichtig neue Umgebungen.

Elektrogriller

Obwohl der Ausdruck auf den ersten Anschein etwas umständlich und merkwürdig erscheint, hat sich dieses Schimpfwort in den letzten Jahren etabliert. Was anfangs als Scherz gemeint war, entwickelte sich tatsächlich zu einem stehenden Begriff. Jeder, der als Elektrogriller beschimpft wird, weiß was das bedeutet: Man wird zu den Langweilern gezählt, die noch nie etwas erlebt haben und das wahrscheinlich auch nie tun werden. Der Elektrogrill steht dabei als häuslicher Gegensatz zum naturnahen Holzkohlegrill, der mit Feuer und Männlichkeit assoziiert wird.

Emanze

Das Wort ist seit den 1980er-Jahren offiziell erfasst und wird gleichzeitig als abwertend beschrieben. Entstanden ist es schon früher, in den 1970er-Jahren, als die Frauenbewegungen ihre aktivste Phase hatten. Aber schon damals wurde es als Schimpfwort gegenüber den Frauen benutzt, die sich stark für die Emanzipation einsetzten. Normalerweise wird der Begriff in der modernen Umgangssprache nicht mehr verwendet – fällt aber doch immer wieder einmal und verfehlt dann seine Wirkung immer noch nicht.

Esel

Der Esel steht schon seit jeher für Dummheit und bietet sich deshalb natürlich auch immer wieder als Beschimpfung an. Dass die Tiere in Wirklichkeit äußerst intelligent sind, scheint dabei aber noch nie eine Rolle gespielt zu haben. Seit wann der Esel genau als Schimpfwort herhalten muss, ist nicht ganz klar – zu Beginn des 18. Jahrhunderts war er auf alle Fälle schon ein alter Bekannter.

F

Fachidiot

Das erste Mal wurde der »Fachidiotismus« von Karl Marx 1847 benutzt. In dieser Schrift hadert Marx damit, dass die Gesellschaft immer mehr Spezialisten hervorbringt, die zwar auf ihrem Gebiet ganz hervorragend sind – von allen anderen Bereichen aber immer weniger Ahnung haben. Vielleicht hat sich der Begriff deshalb so standhaft gehalten, weil auch heute immer mehr Menschen in einem gewissen Fachgebiet äußerst gebildet sind, in anderen dagegen überhaupt nicht. »Fachidiot« wird aber auch meistens als Beschreibung einer Person verwendet und nicht direkt als Schimpfwort gebraucht.

Feigling

Der gute alte Feigling hat sich mit am längsten von allen deutschen Schimpfwörtern gehalten. Das Adjektiv »feige« gab es schon im 8. und 9. Jahrhundert. Damals hieß es »feigi« und bedeutet so viel wie: »zum Tode bestimmt« und »gottlos«. Später, im Mittelhochdeutschen, wurde es zu »veige« und bekam die Bedeutungen »eingeschüchtert« und »furchtsam« dazu. Auf diese Weise hat sich der Begriff durch die Jahrhunderte hinweg immer mehr hin zum heutigen Ausdruck gewandelt. Seit dem 18. Jahrhundert war der Feigling dann das, was er noch heute ist.

Fett...

———•◦•———

Wörter mit »Fett« sind äußerst beliebt, wenn man jemanden beleidigen möchte. Deshalb ist die Liste der Variationen lang. Zum Teil handelt es sich um witzige Zusammensetzungen – trotzdem ist die Wirkung von Schimpfwörtern, die sich auf die körperlichen Eigenschaften einer Person beziehen, nie zu unterschätzen und kann sehr herabwürdigend sein:

- Fettarsch
- Fettfleck
- Fettfresse
- Fettgesicht
- Fetti
- Fettkloß
- Fettmops
- Fettsau
- Fettwanst

Fickfehler

Ein wirklich nicht nett gemeintes Schimpfwort. Gemeint ist damit so etwas wie »Missgeburt«. Seit wann es genau existiert, ist nicht ganz klar. Es befindet sich schon seit längerer Zeit im Sprachgebrauch und erfreut sich großer Beliebtheit. Auch in diesem Fall gibt es immer wieder neue »Kreationen«:

- Fickaffe
- Fickarsch
- Fickbirne
- Fickbumms
- Fickface
- Fickforelle
- Ficksau
- Fickschnitzel
- Fickschwein
- Fickspecht

Flegel

In diesem Fall handelt es sich um einen Schimpfwortklassiker. Der
»Flegel« in seiner heutigen Form geistert schon seit dem 16. Jahrhundert durch Deutschland. Denn damals bekam die ursprüngliche
Bedeutung »Werkzeug zum Dreschen« eine weitere Bedeutung:
Als Flegel bezeichnete man ab diesem Zeitpunkt auch Menschen,
die sich ungezogen oder grob benahmen. Das Adjektiv »flegelhaft«
kam dann im 19. Jahrhundert hinzu. Inzwischen gilt das Wort allerdings als veraltet. Bis in die frühen 1980er-Jahre konnte man es aber
immerhin noch hier und da hören.

Flittchen

Auch das Wort Flittchen ist nicht mehr in aller Munde – verfehlt aber
seine Wirkung immer noch nicht, wenn es ab und zu doch einmal
verwendet wird. In der Bedeutung »flatterhaftes, leichtes Mädchen«
hielt es im 18. Jahrhundert Einzug in unsere Sprache. Am häufigsten wurde der Begriff dann aber von den 1950er- bis ungefähr in
die 1980er-Jahre verwendet. Interessant ist, dass er von »flittern«,
also »kosen«, kommt, was schon im 16. Jahrhundert auf die ersten
Wochen nach einer Vermählung bezogen wurde – auf die Flitter-
wochen.

Fotze

Eines der derbsten Schimpfwörter der deutschen Sprache. Vielleicht hat es sich auch gerade deswegen so lange gehalten und so viele Neubildungen entwickelt. Doch ganz gleich wie hart das Wort ist, es hat eine etymologisch lange Vergangenheit. Bereits im Spätmittelhochdeutschen kannte man die Beleidigung, die sich auf das Subjektiv »vut« bezog. Im 16. Jahrhundert wurde es zwar hauptsächlich noch als Bezeichnung für die Geschlechtsteile von Tieren (vor allem von Hunden) verwendet, galt aber schon damals als Beleidigung für eine Frau. Beispiele für Variationen:

- Fotzenarsch
- Fotzenclown
- Fotzenfriseur
- Fotzengesicht
- Fotzenhirn
- Fotzenhuber
- Fotzlappen

Freak

Hielt in Deutschland Mitte der 1970er-Jahre Einzug. Das aus dem Englischen übernommene Wort kommt von »to freak out«, was so viel wie »durchdrehen« bedeutet. Man kann es unterschiedlich verwenden: Einmal ist es einfach nur die Bezeichnung für einen ausgeflippten Menschen, der sich nicht an Konventionen hält und dadurch merkwürdig, aber doch liebenswert erscheint. Es kann auch eine absonderliche Erscheinung aufgrund bestimmter körperlicher Merkmale gemeint sein. Oder man betitelt jemanden, dem man sagen will, dass er/sie sich mit seinem Verhalten einfach nur lächerlich macht, als Freak. Auch in diesem Fall kommt es dabei immer auf die Betonung und den Zusammenhang an, in dem das Wort verwendet wird. Auf alle Fälle ist der Ausdruck nach wie vor immer wieder anzutreffen.

Fregatte

Eigentlich ist »Fregatte« schon seit jeher die Bezeichnung für ein Kriegsschiff. Schon im 16. Jahrhundert wusste jeder, was damit gemeint war. Aber irgendwann fand man heraus, dass sich das Wort auch wunderbar als Beleidigung für in die Tage gekommene Frauen eignen würde. Wann das genau war, ist nicht belegt. Klar ist aber, dass »Fregatte« bereits in den 1950er-Jahren ein sehr beliebtes Schimpfwort war. Inzwischen hört man es seltener, aber ausgestorben ist es deswegen noch lange nicht.

Frechdachs

Schon im Mittelhochdeutschen war der »junge Dachs« ein Synonym für einen unerfahrenen jungen Menschen. Im 19. Jahrhundert wurde es dann mit der Vorsilbe »frech« kombiniert und damit zu einem der beliebtesten und ältesten Schimpfwörter in Deutschland. Mit der Bezeichnung Frechdachs sagt man jemandem, meist einem kleinen Kind, auf ganz charmante Weise, dass er doch immer mal wieder die Grenzen überschreitet.

G

Gaffer

Der Gaffer hat es leider weit gebracht – zumindest was seine Popularität in der Sprache betrifft. Gerade in den letzten Jahrzehnten wurde das Wort hauptsächlich für Menschen benutzt, die völlig hemmungslos zusehen, während anderen größtes Leid geschieht, wie zum Beispiel nach einem Unfall. Deshalb hat der Begriff inzwischen weitaus mehr an Schärfe gewonnen, als es ursprünglich der Fall war. Denn den Gaffer gab es schon zu Beginn des 15. Jahrhunderts. Damals meinte man damit aber einfach nur einen neugierigen Zuschauer.

Gangster

Der Ausdruck hat sozusagen eine Art Revival erlebt. Entstanden ist er in den 1930er-Jahren in Amerika, als sich die Gangsterbanden in den großen Städten gegenseitig versuchten den Rang abzulaufen. Daraus wurde dann auch die »Gang«, die Bande. Gangster waren damals Mitglieder von mehr oder weniger kriminellen organisierten Gruppen. Interessant ist, dass dieses Wort beinah auszusterben drohte, in der heutigen Jungendsprache aber wieder mehr und mehr verwendet wird. Vor allem in Liedtexten der Rapper ist »Gangster« schon seit Längerem wieder schwer im Kommen.

Geizkragen/Geizhals

Diese Schimpfwörter für besonders geizige Menschen gibt es heute nach wie vor. Wobei man unterscheiden muss, denn den Geizhals kennt man bereits seit dem 15. Jahrhundert, während der Geizkragen eine Erfindung des 19. Jahrhunderts ist. Und obwohl die Wörter mittlerweile schon einige Jahrhunderte auf dem Buckel haben, sind sie noch nicht aus der Mode gekommen.

Geschmeiß

Schon im 16. Jahrhundert sprach man von »Geschmeiß«, wenn man auf wirklich abwertende Weise klarmachen wollte, dass es sich bei bestimmten Personen um den letzten Dreck handelte. Denn damals war »Geschmeiß« eigentlich ein Synonym für das Gelege von Fleisch- oder Schmeißfliegen. Das Verb »schmeißen« stand zu dieser Zeit für den Abwurf von Kot, zum Beispiel bei Vögeln. Das heißt, dieser Begriff war zu damaligen Zeiten wohl mit eine der schlimmsten Beleidigungen, die es gab. Und auch heute gehört die Bezeichnung zu den wirklich böse gemeinten Beschimpfungen.

Gesichts...

—— •◦• ——

Zum Thema »Gesicht« gibt es viele Einfälle, wie man jemanden beleidigen kann. Es ist schon seit Jahrzehnten Zielscheibe von Beschimpfungen, denn wie kann man jemanden mehr beleidigen, als wenn man sich auf sein Aussehen und besonders auf das Gesicht bezieht? Mit der Zeit haben sich beinahe unzählige solcher Beschimpfungen entwickelt – die einen wirklich gemein, andere doch eher zum Schmunzeln:

- Gesichtsakrobat
- Gesichtsbaracke
- Gesichtsbunker
- Gesichtselfmeter
- Gesichtsfasching
- Gesichtsunfall

Gesindel

—— •◦• ——

Im Mittelhochdeutschen sprach man vom »gesindelin«, wenn man ein kleines Gefolge meinte – hauptsächlich in Bezug auf Dienerschaft oder im Haushalt tätige Angestellte. Doch schon seit dem 16. Jahrhundert wurde der Begriff auch als abwertende Bezeichnung benutzt. Mit »Gesindel« waren heruntergekommene Herumtreiber gemeint, damals auch als »Pack« bezeichnet.

Göre

Eines der Schimpfwörter, bei denen es auf den Kontext ankommt. Denn wenn jemand sagt: »So eine süße Göre ...« – dann hat das natürlich nichts mit einer Beleidigung zu tun. Wenn es aber in anderen Zusammenhängen genannt wird, kann es auch ganz anders gemeint sein: »Diese schreckliche Göre raubt mir den letzten Nerv!« Generell ist »Göre« aber eher eines der harmlosen Schimpfwörter. Man geht davon aus, dass es aus der Berliner Mundart entstanden ist, dem Wort »Jöhre«. Bekannt ist der Begriff allerdings schon seit dem 17. Jahrhundert.

Grantler

Eine typisch bayerische Bezeichnung für einen typisch bayerischen Menschen. Sie ist aber durchaus mehrdeutig verwendbar. Wenn man jemanden als »deppaten Grantler« bezeichnet, kann man mit einer ernst zu nehmenden Gegenwehr rechnen. Meistens ist im Dialekt aber eher ein liebenswerter Eigenbrötler gemeint, der wiederum für den typischen Bayern steht. Jeder weiß, wenn er es mit einem Grantler zu tun hat, dabei ist aber klar: Der Granlter bleibt sich selbst treu und ist immer ehrlich.

Grattler

Auch »Grattler« ist ein typisch bayerisches Dialektwort, aber im Vergleich zu »Grantler« mit eher wenig freundlichem Spielraum. Als Grattler wird bezeichnet, wen man für unmöglich hält. Man könnte dieses Wort als Synonym für »Penner« oder »Asozialer« sehen. Man geht davon aus, dass der Begriff im 17. Jahrhundert entstand, als Einwanderer aus Österreich vermehrt nach Bayern kamen. Da sie meistens ihr Hab und Gut auf kleinen Karren mit sich führten, sogenannten »Kratten«, entstand der Begriff »Grattler«.

Gutmensch

Eines der modernen Schimpfwörter, das sich in den letzten Jahren sogar noch mehr etabliert hat. Als Gutmensch wird bezeichnet, wer herablassend, moralisierend und naiv dargestellt werden soll. Der Begriff wird hauptsächlich in Zusammenhang mit politischen Einstellungen verwendet. Trotz der häufigeren Benutzung in den letzten Jahren gibt es das Wort schon seit mehreren Jahrzehnten, erstmals vermerkt wurde es schon in den 1950er-Jahren.

H

Hackfresse

Auch dieses Wort gibt es schon länger, als man denken mag. Die Beschimpfung, die jemanden auf Grund seines Aussehens verletzen soll, ist schon seit den 1950er-Jahren dokumentiert. Und auch heute noch wird sie immer wieder als Beleidigung eingesetzt.

Haderlump

Der Ausdruck »Haderlump« hat eine beachtliche Geschichte, denn man kennt ihn schon seit dem 15. Jahrhundert. Das Interessante dabei ist, dass die Wörter »Hader« und »Lump« eigentlich die gleiche Bedeutung haben, nämlich »Stofffetzen« oder »Lumpen«. Die Bedeutung wird sozusagen verdoppelt, bezieht sich aber auch auf die Bezeichnung »Lumpen« im Sinn von »Lumpenpack«. So wurde das Wort zu einem Synonym für »Gauner«. Heute wird es hauptsächlich noch in Bayern als Dialektwort verwendet.

Hallodri

In Bayern und Österreich abwertend für einen unzuverlässigen Menschen verwendet, der tut was er will. Das Wort existiert bereits seit dem 19. Jahrhundert.

Halsabschneider

Seit dem 19. Jahrhundert spricht man von einem Halsabschneider, wenn man einen Wucherer oder Leuteschinder meint.

Halunke

Das Wort stammt vom tschechischen »holomek« ab und heißt so viel wie »Bartloser«. Im 16. Jahrhundert wurde das Wort hierzulande aus dem Slawischen übernommen. Damals bezeichnete man junge, mittellose Burschen so, die sich durch niedere Arbeit ihr Brot verdienten. Der Bartlose wurde dann, wegen seiner Arbeit, mit der Zeit begrifflich mit dem »Bettler« gleichgesetzt. In Zusammenhang mit dieser Bedeutung wandelte sich der Begriff immer mehr hin zum Negativen – zum »Lump«, zum »schlechten Kerl« – dem Halunken eben.

Hanswurst

Dieses typisch deutsche Schimpfwort ist seit Anfang des 20. Jahrhunderts bekannt. Als Hanswurst bezeichnet man einen Menschen, den man nicht ganz ernst nimmt, weil er sich lächerlich macht.

Hasenfuß

Ein alter Bekannter auf dem Gebiet der Schimpfwörter. Wann das Wort genau entstanden ist, kann man nicht genau nachvollziehen. Trotzdem kann man sagen, dass es schon eine geraume Zeit existiert. Der Hasenfuß als Synonym für »Feigling« hat eine lange Tradition. Wahrscheinlich, weil die Kombination aus »Hase« und »Fuß« ganz automatisch an eine überstürzte Flucht und Angstgefühle denken lässt.

Haubentaucher

Eines der modernen Schimpfwörter. Das Verhalten des gleichnamigen Vogels, immer wieder einfach abzutauchen, machte ihn wohl zum prädestinierten Namensgeber einer Beleidigung. Wer als Haubentaucher betitelt wird, kann sich sicher sein, dass sein Gegenüber davon ausgeht, es mit einem Feigling zu tun zu haben, der in brenzligen Situationen gern einfach mal schnell untertaucht.

Heimscheißer

———•———

Obwohl es den Begriff schon länger gibt, hatte der »Heimscheißer« sein richtiges »Erwachen« erst mit dem Film *American Pie* 1999. Seitdem hat das Wort auf eine gewisse Weise Kultstatus erlangt und steht nicht nur für Menschen, die nur zu Hause auf die Toilette gehen können. Im weiteren und umgangssprachlichen Sinn bedeutet es auch, dass diese Person nur ungern ihre gewohnte Umgebung verlässt, nicht verreist und deshalb als nicht weltoffen gesehen wird.

Hirnbeiß

———•———

Der »Hirnbeiß« hat Tradition und ist gewissermaßen eine Institution – zumindest in Bayern. Die Karikaturistin Franziska Bilek erfand die Figur des Herrn Hirnbeiß, der auf witzige Art den typischen Münchner darstellt. Ein bisschen stur und eigenartig und natürlich mit dem ureigenen bayerischen Grant. Seit 1961 erscheint eben jener Herr Hirnbeiß jeden Tag in der *Abendzeitung München* und teilt seine Meinung zum aktuellen Geschehen mit – und das selbst nach dem Tod der Erfinderin 1991. Diese liebenswerte Figur gab kurz nach dem ersten Erscheinen Anlass zu einem der populärsten Schimpfwörter Bayerns zu avancieren. Seitdem wird jeder, der als »Hirnbeiß« betitelt wird, für einen Sturkopf gehalten.

Holzkopf

— ◆ • ◆ —

Ein Kopf, gefüllt mit Holz. Hier liegt die Erklärung im Wort – wer Holz im Kopf hat, kann ganz automatisch nicht zu den großen Denkern gezählt werden.

Honk

— ◆ • ◆ —

Ein typisches Beispiel für ein Wort aus der Jugendsprache der 2000er-Jahre. Es wurde sogar so populär, dass es auf die Liste der Schimpfwörter des Jahres 2011 gelangte. Generell ist das Wort »Honk« ein moderner Ausdruck für einen Dummkopf. Verschärft wird der Begriff manchmal noch durch die Vorsilbe »Voll« – und wird somit zum »Vollhonk«. Dass er aber wahrscheinlich schon wesentlich älter ist, als man annehmen möchte, ist kaum bekannt. Das englische Wort »honk« bedeutet umgangssprachlich nämlich auch »Weißer« oder »Handlanger«. In diesem Zusammenhang existiert der Begriff bereits seit Mitte des vergangenen Jahrhunderts.

Hornochse

— ◆ • ◆ —

Ein »Hornochse« steht für Dummheit und Sturheit. Leider muss auch in diesem Fall ein Tier als Namensgeber herhalten, das mit seinem menschlichen Namensvetter nicht viel gemein hat.

Hosenscheißer

———•———

Ein Klassiker der deutschen Schimpfwörter, der sich wohl am besten von selbst erklärt.

Hund...

———•———

Warum gerade der beste Freund des Menschen immer wieder Vorlage beziehungsweise Vorsilbe für ein Schimpfwort ist, kann man nicht sagen. Sicher ist jedoch, dass der Hund in mannigfaltiger Variation im Bereich der Beleidigungen vertreten ist, wie diese Beispiele zeigen:

- Hundefurz
- Hundesohn
- Hundling
- Hundsfott
- Hundsgeburt
- Hundsgesicht
- Hundskrüppel

Hure

Eines der ältesten Gewerbe der Welt gibt auch im Bereich der Schimpfwörter immer wieder Anlass zu neuen Wortschöpfungen. Dass dieses Wort an sich schon eine waschechte Beleidigung ist, weiß man bereits seit ein paar Hundert Jahren. Mit der Zeit haben sich dann Zusammensetzungen ergeben, die manchmal selbst zu Schimpfwort-Klassikern wurden. Da wären zum Beispiel »Hurenbock« und »Hurensohn«. Beide Wörter sind schon längst eigenständige Beleidigungen, die bis heute benutzt werden. Trotzdem blieb man in diesem Bereich immer erfinderisch und es entstanden weitere Worte wie:

- Hurenbastard
- Hurengeburt
- Hurenjäger
- Hurenstecher
- Hurenzüchter

I

Idiot

Seit dem 18. Jahrhundert. eine der gängigsten und am meisten verwendeten Beschimpfungen. Den Begriff gibt es allerdings schon viel länger, denn bereits im alten Rom war ein »idiota« jemand, der nichts richtig machen konnte. Im 13. Jahrhundert bekam das Wort dann zuerst in England eine weitere Bedeutung. Damals benutzte man den Begriff dann häufig für Menschen mit pathologisch psychischen Problemen. Ein Synonym dafür war auch »schwachsinnig«. Erst im 19. Jahrhundert begann man das Wort langsam in den alltäglichen Sprachgebrauch aufzunehmen, was dazu führte, dass es etwas entschärft wurde und hauptsächlich für einen »trotteligen« oder »doofen« Menschen stand.

Ignorant

Das Wort stammt von dem Lateinischen »ignorans« ab, was damals so viel wie »nicht kennen«, »nicht kennen wollen« hieß. Im 16. Jahrhundert etablierte sich die Bezeichnung in Deutschland für Menschen, die eine bestimmte Tatsache einfach nicht annehmen oder wahrhaben wollten. Mit der Zeit wurde immer mehr ein Schimpfwort daraus, das nicht nur ausdrücken sollte, dass sich jemand für gewisse Dinge einfach nicht interessiert, sondern demjenigen sogar eine gewisse Dummheit unterstellt, weil ihm/ihr der Intellekt dazu fehlt.

Ische

Wurde erst mit der Zeit zu einem Schimpfwort. Ursprünglich kommt die Bezeichnung aus dem Jüdischen und bedeutete einfach nur »junge Frau«, »junges Mädchen«. Im 18. Jahrhundert wurde das Wort ins Deutsche übernommen und bekam erst fast hundert Jahre später die Bedeutung, die es noch heute hat. »Ische« wird als Schimpfwort für eine leichtlebige Frau hauptsächlich im norddeutschen Raum verwendet. Teilweise hat es diese starke Bedeutung auch schon verloren und ist »nur noch« ganz allgemein als abwertende Bezeichnung für eine Frau in Gebrauch.

J

Jammerlappen

Das Wort »Jammer« im Sinn von »Wehgeschrei« war schon im 9. Jahrhundert bekannt. In den folgenden Jahrhunderten ging es um den Jammer an sich, also wenn jemand verzweifelt oder betrübt war. Später, ungefähr im 17. Jahrhundert, entwickelte sich daraus das Adjektiv »jämmerlich«, was in seiner Bedeutung dann schon eher in Richtung »Jammerlappen« ging. Ein jämmerlicher Mensch war wehleidig und feige. Um diese Umschreibung dann zu substantivieren – dem Ganzen sozusagen einen Namen zu geben –, kam man auf den Jammerlappen. Er stand metaphorisch für das Tuch, mit dem man sich die Tränen abwischt. Im 19. Jahrhundert etablierte sich das Wort dann umgangssprachlich und ist auch heute noch immer wieder zu hören.

Jauche

Was die Bezeichnung für die Exkremente von Tieren betrifft, gibt es immer wieder neue Wortschöpfungen, die anscheinend sehr beliebt sind: Jauchenmaul, Jauchenschwimmer, Jauchetrinker ...

Junkie

Das Wort stammt aus dem Englischen und steht ursprünglich für eine/n Drogenabhängige/n. Mittlerweile wurde es aber schon so weit in unsere Sprache übernommen, dass es Wortabwandlungen und Bedeutungsänderungen gibt – zum Beispiel »Adrenalinjunkie« oder »Zockerjunkie«. Letztendlich haben aber alle den gleichen Hintergrund: Es geht um jemanden, der eine gewisse Handlung nicht lassen kann und der Sucht verfallen ist.

K

Kaasloabe

Ein typisch bayerisches Schimpfwort, das auch immer noch gern benutzt wird, wenn es darum geht, jemandem mitzuteilen, dass er/sie sich um seinen Teint kümmern sollte. Wann das Wort die Welt eroberte, ist nicht belegt. Klar ist aber, dass es sich um einen Käselaib handelt. Wird man also derart beschimpft, weiß man, dass man wohl eine eher blasse, also käsige, Gesichtsfarbe hat.

Kachel

Eigentlich war eine »Kachel« eine Art Topf oder Pfanne. Das Wort geht zurück auf das althochdeutsche »kahhala« für »Kochgeschirr«. Im 19. Jahrhundert sprach man zudem von einer »Brunzkachel«, wenn man einen Nachttopf meinte. »Brunzen« steht hier umgangssprachlich für »urinieren« und wird auch heute noch im bayerischen und österreichischen Sprachraum verwendet. Später betitelte man auch jemanden so, der öfter als andere zur Toilette musste. Wahrscheinlich wurde daraus dann etwas später die abwertende Bezeichnung »alte Kachel« als Synonym für »altes Weibsstück«. Im Schwäbischen und im Bairischen galt »Kachel« oder »Kachl« als Schimpfwort – und auch heute noch spricht man von einer »blöden Kachel«, wenn man eine »blöde Kuh« meint.

Kack...

Auch diese Vorsilbe ist hierzulande sehr beliebt und wird mit den verschiedensten Wörtern kombiniert, wie etwa:

- Kackfresse
- Kackgesicht
- Kackhaufen
- Kackkäfer
- Kackkopf
- Kackwurst

Kameradenschwein

Soweit man weiß, hat sich dieser Begriff im Krieg unter Soldaten entwickelt. Ein Soldat, der sich seinen Kameraden gegenüber nicht loyal und unkameradschaftlich verhalten hat, wurde als Kameradenschwein bezeichnet. Der Begriff hat sich bis heute gehalten, obwohl er inzwischen nicht mehr so häufig verwendet wird. Dennoch trifft man immer wieder auf ihn, vielleicht weil er in manchen Situationen immer noch am besten vermuten lässt, wie sich derjenige, der im Stich gelassen wurde, gerade fühlt.

Katzlmacher

Ein häufig noch in Bayern oder Österreich gebräuchliches Schimpfwort mit einer langen Geschichte. Vor einigen Hundert Jahren kamen Krämer (Kleinhändler) zum Beispiel aus Italien nach Österreich und Deutschland, um ihre handgemachten »Gatzl« (Holzlöffel) zu verkaufen. In der Nachkriegszeit wurde daraus dann »Katzl« und die Bedeutung eine ganz andere – denn mit »Katzelmachern« waren von nun an hauptsächlich italienische Gastarbeiter gemeint, die während ihres Aufenthalts in Deutschland oder Österreich Nachwuchs zeugten und nach einiger Zeit einfach wieder nach Italien zurückkehrten, ohne sich weiter um Mutter und Kind zu kümmern.

Keule

Ein typisches Schimpfwort der 1990er-Jahre. Abwertend für Frauen oder Mädchen verwendet, ist es noch ein bisschen gemeiner als »Tussi«. Den Tussis konnten es wenigstens noch zu etwas Ansehen bringen, einer Keule hingegen war dieser »Aufstieg« per se verwehrt. Später bezeichneten sich auch Männer gegenseitig als »Keule«, was vor allem im Berliner Sprachraum schlicht für einen Kumpel stand.

Kind...

Im Lauf der Zeit entstanden immer mehr zum Teil skurrile Wortkombinationen, die als Beleidigung dienen, etwa Kindergangster, Kinderliederhörer, Kindertelleresser oder Kinderradzusammenschrauber.

Knilch, auch Knülch

Diese Bezeichnung ist seit ungefähr Anfang des 20. Jahrhunderts bekannt. Woher sie stammt, ist unklar. Seine Hochphase erlebte das Wort ungefähr zur Mitte des vergangenen Jahrhunderts. Wer als Knilch bezeichnet wurde, galt als überheblicher und unangenehmer Zeitgenosse.

Kollaborateur

Das aus dem Französischen stammende Wort »collaboration« (mitarbeiten, zusammenarbeiten) drückt eigentlich erst einmal nichts Negatives aus. Im Lauf des Zweiten Weltkrieges entstand dann eine neue Bedeutung, die sich auf die Zusammenarbeit zwischen Franzosen und Deutschen bezog und von nun an als Synonym für den Landesverrat stand. Ein Kollaborateur war jemand, der mit dem deutschen Kriegsgegner zusammenarbeitete und damit Frankreich verriet. Später bezog sich das Wort nicht nur auf französische Landesverräter, sondern generell auf die Zusammenarbeit mit dem Feind.

Komiker

Eigentlich eine Berufsbezeichnung, die aber irgendwann als Beleidigung benutzt wurde. Man möchte jemandem auf ironische Weise mitteilen, dass er/sie leider überhaupt nicht witzig ist – oder das, was er/sie von sich gibt, absolut lächerlich.

Krampfhenne

Dieses Schimpfwort wird am häufigsten in Bayern und Österreich verwendet. Es bezieht sich auf Frauen, denen klar gemacht werden soll, dass sie alles etwas zu verkrampft sehen und damit für andere recht anstrengend sind. Als Synonym könnten man »Hysterikerin« anführen.

Kretin

Ursprünglich bedeutete das französische Wort »crétin« so viel wie: »armselig«. Es stammte vom altfranzösischen »crestien« ab (Christ/Christentum), dem man damals noch häufig die Nebenbedeutung »armer Mensch« gab. Am Ende wurde daraus eine Variante von »Idiot«. Auch heute noch eine sehr ernst gemeinte und äußerst verletzende Beleidigung.

Kruzifix

Ursprünglich ist das »Kruzifix« die Bezeichnung für den ans Kreuz geschlagenen Jesus. Es leitet sich vom Lateinischen »crucifigere«, »ans Kreuz schlagen«, ab. Mit der Zeit hat sich der Ausdruck vor allem in Bayern zum gerne genutzten Fluch entwickelt. Sakrale Ausdrücke wie dieser wurden in der Vergangenheit immer wieder zu Flüchen umfunktioniert, vielleicht weil die Menschen so etwas wirklich Eindringliches von sich geben konnten, ohne einen wirklichen Fluch zu bemühen. Inzwischen hat sich diese Wirkung weitgehend verflüchtigt und der Ausruf »Kruzifix« oder kurz »Zefix« ist eine Art dialektisches Synonym zu »verdammt noch mal« geworden.

L

Laberbacke/Labersack

Auch diese beiden Synonyme für das Schimpfwort »Schwätzer« sind eine Schöpfung des vergangenen Jahrhunderts. Ungefähr ab den 1990-Jahren erlebten beide Begriffe ihren Höhepunkt. Jeder, der zu viel oder zu lange Reden schwang, wurde damals als Laberbacke oder -sack bezeichnet. Beide Wörter werden heute noch verwendet, sind aber genauso wie das Verb »labern« nicht mehr so aktuell wie noch vor ein paar Jahrzehnten.

Laborunfall

Eines der neueren und bestimmt nicht witzig gemeinten Schimpfwörter. Wann und wo der Begriff in »Mode« kam, ist nicht nachvollziehbar.

Lackaffe

Im Mittelhochdeutschen gab es den Begriff »Laffe«. Damit war »Lappen« oder »große Lippe« gemeint. Später bezeichnete man auch junge Männer, die sich hauptsächlich für die neueste Mode interessierten, so. Gemeint waren die hochmütigen Angeber, die nichts anderes als ihr Aussehen im Sinn hatten. Später wurde daraus dann »Lackaffe«.

Lackel

In Bayern und Österreich gibt es ihn noch, den »Lackel« – gemeint ist damit ein großer und ungehobelter (meist junger) Mann. Wo der Begriff genau herkommt, ist strittig, auf der einen Seite ist von einer Abwandlung des Wortes »Lakai« die Rede. Auf der anderen sieht man die Wurzeln des Begriffs viel früher, im Mittelhochdeutschen. Sicher ist, dass es diesen Begriff zumindest im Dialekt noch heute gibt.

Lappen

Erfährt gerade in den letzten Jahren eine Renaissance als Schimpfwort. In der heutigen Jugendsprache ist es wieder allgegenwärtig. Der Begriff wird freundschaftlich-neckend oder auch als direkte Beleidigung benutzt.

Lauch

Dieses Schimpfwort ist älter, als man denkt. Angeblich kursiert es schon seit 2011 in der Jugendsprache und bezeichnet einen dünnen und groß gewachsenen Menschen. Früher kannte man in diesem Zusammenhang die »Bohnenstange«. Die Auslegung des Begriffs ist allerdings relativ breit gestreut. So kann man damit einfach im Spaß einen guten Freund ärgern, weil dieser vielleicht etwas schmächtiger ist. Andererseits handelt es sich auch um ein gemeines Schimpfwort, wenn so zum Beispiel geistig behinderte Menschen bezeichnet werden. Im Jahr 2018 hätte es »Lauch« beinahe zum Jugendwort des Jahres geschafft.

Lausbub/Lauser/Lausejunge

Normalerweise sind diese Wörter, die eine lange etymologische Geschichte haben, nicht wirklich böse gemeint. Schon in den Märchen der Gebrüder Grimm wimmelte es von Lausbuben und Lausejungen. Wir verdanken ihnen viele lustige Geschichten, zum Beispiel die *Lausbubengeschichten* von Ludwig Thoma. Doch abgesehen von den spaßigen Streichen, für die Lausbuben bekannt waren und sind, können die Begriffe durchaus auch als ernst gemeinte Schimpfwörter gebraucht werden. Mittlerweile werden sie allerdings hauptsächlich in Bayern oder Österreich verwendet.

Lavendelpflücker/Lebensplaner

Diese beiden seltenen Beschimpfungen drücken das Gleiche aus – man ist uncool und spießig.

Loser

Das gute alte Wort »Loser« (Verlierer) gibt es hierzulande schon seit den 1980er-Jahren. Einige Zeit war es aus der Mode gekommen und fast vergessen, bis es dann in den 2000-ern ein Comeback erlebte. Inzwischen wird es vor allem in der Jugendsprache meistens von dem Begriff »Opfer« ersetzt.

Lügner

Das Verb »liogan« gab es schon im 8. Jahrhundert. Es bedeutete, nicht die Wahrheit zu sagen. Seitdem haben sich einige Redewendungen und Wortschöpfungen in diesem Zusammenhang gebildet, die nach all den Jahrhunderten noch gültig und in Gebrauch sind: lügnerisch, verlogen, Lug, Trug und andere. »Lügner« ist also noch heute eine echte Beleidigung, die ohne Umschweife erklärt, was von der betroffenen Person gehalten wird.

Lümmel

Obwohl das Wort mittlerweile immer weniger vorkommt, gehört es doch zu den immer noch bekannten und vor allem althergebrachten Beschimpfungen. Man kennt es seit dem 16. Jahrhundert, auch damals schon hatte es die gleiche Bedeutung wie heute: Es handelt sich um einen unerzogenen, frechen Kerl. Von »Lümmel« kommt auch das Verb »herumlümmeln«. Im 17. Jahrhundert kam dann noch die »Lümmelei« hinzu, womit man das »Herumlungern« meinte.

Luder

Das Wort kann gleich mehrere Bedeutungen haben: falsches Luder, armes Luder oder auch dummes Luder. Alle Varianten sind nicht gerade harmlos. Schon im Mittelhochdeutschen stand dieser Begriff für einen liederlichen Menschen und war somit eine derbe Beleidigung. Interessanterweise kommt der Ausdruck aus dem Jagdjargon, denn hier bedeutete »louder« oder »loder« so viel wie »Köder«. Daraus entstand dann auch im 17. Jahrhundert das »Luderleben« womit das liederliche, lockende Leben bestimmter Damen gemeint war. Heute hat sich die Bedeutung als Schimpfwort nicht geändert, aber es kam eine andere hinzu: Das Luder wurde zum »It-girl«. Unter diesem Aspekt haben es inzwischen manche Luder zu weltweiter Berühmtheit geschafft.

Luftikus

Seit dem 19. Jahrhundert ist der »Luftikus« bekannt. In den letzten Jahren hat die Verwendung zwar abgenommen, aber dennoch weiß jeder, was mit dem Wort gemeint ist: ein leichtsinniger Mensch, der so wirkt, als würde er in anderen, luftigen Sphären leben und deshalb mit der normalen, schnöden Welt nicht viel am Hut haben. Ein Luftikus ist ein Schwätzer, auf den man sich auch heute nicht wirklich verlassen kann.

Luftpumpe

Das eigentlich so hilfreiche Werkzeug musste auch irgendwann als Schimpfwort herhalten. Es ist in seiner Bedeutung nicht weit von »Luftikus« entfernt – es geht um Menschen, die viel reden, also viel Luft in die Welt pumpen, ohne dass dabei viel herauskommt.

Lump

Als man im 17. Jahrhundert anfing, andere als »Lump« zu bezeichnen, meinte man damit hauptsächlich Landstreicher oder arme Menschen, die sich keine ordentliche Kleidung leisten konnten und deswegen in Lumpen leben mussten. Da sich diese Menschen aber oft mit Betrügereien über Wasser hielten, entstand daraus die Beschimpfung »du Lump«. Später entwickelte sich daraus dann auch die Redewendung: »sich nicht lumpen lassen«, wenn es darum ging großzügig zu sein.

Lusche

Vor einigen Hundert Jahren stand »Lusche« für Taugenichtse oder schlampige Frauen. Heute ist die zweite Bedeutung nicht mehr gebräuchlich.

Lutscher

Ob das Naschwerk bei diesem Schimpfwort eine Rolle spielt, ist nicht bekannt. Was man allerdings weiß, ist, dass man schon im 19. Jahrhundert Kinder, die am Daumen lutschten, manchmal als »Lutscher« bezeichnete. Wahrscheinlich hat der Ausdruck diese Bedeutung: Ein Lutscher verhält sich wie ein Kind, übernimmt keine Verantwortung und trifft keine Entscheidungen.

M

Macho

Seit dem 20. Jahrhundert in unserer Sprache zu finden, bezeichnet das Wort einen Mann mit übertriebenem Männlichkeitsgefühl. Dabei liegt der Ursprung des Wortes viel weiter in der Vergangenheit unserer Sprache: Es stammt von dem lateinischen Ausdruck »masculus«, was so viel wie »männlich« bedeutet. In Spanien ist ein Macho ein männliches Tier und wahrscheinlich liegt auch hier der Ursprung des Schimpfworts. Denn ein richtiger Macho ist in seinem Gebaren nicht weit von einem männlichen Tier entfernt, das versucht Weibchen zu beeindrucken.

Matratze

Auch dieses auf den ersten Blick völlig harmlos wirkende Wort ist am Ende des Tages eine durchaus boshafte Beleidigung. Frauen, die als »Matratze« bezeichnet werden, haben ihren Ruf bereits verloren. Tatsächlich ist diese Beleidigung zwar immer noch vermeintlich »höflicher« als jemanden als Hure oder Schlampe zu bezeichnen – letzten Endes meint sie aber genau das Gleiche.

Maulaffe

———•◦•———

Die Bezeichnung gibt es bereits seit dem 15. Jahrhundert. Damit meinte man einen Menschen, der mit offenem Mund herumstand und gaffte. Die Redewendung »Maulaffen feilhalten« (untätig herumstehen) entstand erst im 18. Jahrhundert. Inzwischen ist das Schimpfwort ausgestorben, während die Redewendung zwar selten, aber immer noch verwendet wird.

Memme

———•◦•———

»Memmen« gab es schon im 16. Jahrhundert. Man geht davon aus, dass der Begriff von den spätmittelhochdeutschen Wörtern »Mamma« beziehungsweise »Mamme« abgeleitet wurde. Man wollte damit sagen, dass es sich um einen weichen, ängstlichen Menschen handelt, der am liebsten bei der Mutter Schutz suchen würde. »Memme« als Pendant zu »Feigling« existiert im deutschen Sprachgebrauch also schon seit über 300 Jahren!

Miesepeter

Ein typisch deutsches Schimpfwort, das zumindest seit ca. 1950 belegt ist, wahrscheinlich gibt es den Ausdruck aber schon länger. Der Name Peter, der vor allem im vergangenen Jahrhundert sehr populär war, musste generell für einige Beleidigungen herhalten – etwa »Lügenpeter«, »Heulpeter« und andere. Einige Zeit stand er Pate für allerlei ungünstige Eigenschaften, wie Ungeschicklichkeit oder Tölpelhaftigkeit. Das ist wahrscheinlich auf die Beliebtheit des Namens zur damaligen Zeit zurückzuführen. Denn wenn es viele Menschen mit einem Namen gibt, ist es auch wahrscheinlicher, dass sich viele direkt angesprochen fühlen.

Milchbubi

Der Begriff »Milchbubi« hatte im 20. Jahrhundert ab circa der 1970er-Jahre seine Hochphase. Er steht für Muttersöhnchen oder Weichlinge. Die »Milch« soll wohl darauf hinweisen, dass es sich um einen unreifen, babyhaften Menschen handelt, der keine eigenen Entscheidungen treffen kann oder will.

Mimose

—•—

Ein Synonym für verhätschelt, überempfindlich und prinzessinnen-
haft. Das Wort hat seinen Ursprung in der Botanik – die Mimose
ist eine Pflanze, die in Südamerika beheimatet ist. Das Besondere
dieser Blume ist, dass sie ihre Blätter schon bei der leichtesten Be-
rührung zusammenklappt. Im 19. Jahrhundert übertrug man dann
den Namen der Pflanze auf Personen, die, ähnlich wie die Mimose,
schnell überreagierten und sich bei der kleinsten Andeutung sofort
zurückziehen.

Mist...

—•—

Auch diese Vorsilbe eignet sich auf Grund der Vorliebe der Deutschen für Fäkalausdrücke natürlich ganz hervorragend. Denn was
bietet sich mehr an als das Wort Mist? Deshalb haben sich im Lauf
der Zeit auch einige Variationen des Themas entwickelt – wie diese
Beispiele belegen:

- Mistbiene
- Mistdackel
- Mistfink
- Mistfliege
- Mistkerl
- Mistschlampe
- Mistschwein
- Miststück

Mondgesicht

Diese Beleidigung bezieht sich auf die kugelige Form des Mondes und damit auf das Aussehen der beschimpften Person.

Mondkalb

Schimpfwort für Menschen, die man als etwas dumm ansieht. Im 16. Jahrhundert wurden Rinder so genannt, die mit Fehlbildungen geboren wurden – was man auf den negativen Einfluss des Mondes zurückführte.

Möchtegern

Ein »Möchtergern« ähnelt dem »Gernegroß« – ist allerdings die sprachliche Abkunft betreffend wesentlich jüngeren Datums. Denn das Wort Gernegroß geistert schon länger im deutschen Sprachraum herum. Den »Möchtegern« gibt es erst seit den 1980er-Jahren – in dieser Zeit war der Begriff auch in aller Munde.

Moppelkotze

Dieses Wort wird inzwischen für alles Mögliche verwendet, das abstoßend oder eklig ist. Ursprünglich handelt es sich um die Bezeichnung eines bestimmten Gerichts, ein einfacher Eintopf aus Bohnen oder Kohl und Fleisch – er ist vor allem im Berliner Raum bekannt. Woher dieser Eintopf seine Bezeichnung hat, ist jedoch nicht ganz klar. Möglicherweise haben die niederdeutschen und mittelhochdeutschen Wörter »mopen« (den Mund verziehen) und »koppen« (rülpsen) etwas mit den Ursprüngen zu tun.

Moralapostel

Inzwischen wird der Begriff nicht mehr so häufig benutzt wie zum Beispiel in den 1950er-Jahren. Trotzdem gehört er immer noch zum gängigen Wortschatz, wenn es darum geht, jemandem zu sagen, dass er zu regelkonform lebt.

N

Nase...

Das Wort hat sich in verschiedenen Kombinationen mit der Zeit in einen gängigen Schimpfwortbestandteil verwandelt. Da wären zum Beispiel:

- Nasenfurz
- Nasengeburt
- Nasenhaarbinder
- Nasenhaarrasierer
- Nasenkotelett
- Nasenpopelfresser

Neidhammel

Bereits im 16. Jahrhundert kombinierte man die Wörter »Neid« und »Hammel« miteinander. Man bezeichnete damals wie heute einen missgünstigen, neidischen Menschen so – und »Hammel« bietet sich an, weil niemand wohl gern als solcher bezeichnet wird.

Nerd

Das Wort stammt aus dem Englischen und bedeutet so viel wie »Computerfreak«. Es hat sozusagen ein Revival erlebt. Denn seine eigentliche Hochphase hatte es schon in der letzten Hälfte des vergangenen Jahrhunderts. Zu dieser Zeit wurde der Begriff, der sich eigentlich zuerst einmal ganz allgemein auf verschrobene Menschen bezieht, die aber ein extremes Fachwissen in einem bestimmten Bereich haben, immer mehr für Computerspezialisten benutzt. Inzwischen ist es sogar so, dass man daran ganz automatisch denkt, wenn von einem Nerd die Rede ist. Mit dieser Bedeutung trifft der Begriff natürlich gerade heute ins Schwarze und wird uns deshalb wohl vorerst noch erhalten bleiben.

Nervensäge

Drückt das aus, was man fühlt, wenn einem ein anderer Mensch auf die Nerven geht. Kein Wunder, dass sich dieser Begriff schon seit Mitte des vergangenen Jahrhunderts hält – wer an den Nerven anderer sägt, ist und bleibt nun mal eine Nervensäge.

Nichtsnutz

Als ein Synonym für »Taugenichts« existiert das Wort schon seit dem 15. Jahrhundert. Es bietet sich seit dieser Zeit als Beleidigung geradezu an, denn hier steckt die Botschaft im wahrsten Sinne des Wortes.

Niete

Das Wort hat gleich mehrere Bedeutungen, denn schon im 8. Jahrhundert meinte man damit ein Metallstück, mit dem man Dinge verbinden konnte. Später nannte man so ein Los, mit dem man leider kein Glück hat. Aus dieser Bedeutung entstand dann das Schimpfwort »Niete« – eine Enttäuschung oder ein Reinfall in menschlicher Gestalt.

Null/Nulpe

Diese beiden Beleidigungen sind im Grunde genommen Synonyme für »Niete«, da sie dasselbe aussagen.

Nutte

Ende des 18. Jahrhunderts verstand man unter einer »Nutte« noch ein »junges Mädchen«. Das änderte sich dann zu Beginn des 19. Jahrhunderts. Ab dieser Zeit stand das Wort für eine illegale, meist sehr junge Prostituierte. Auf Grund der negativen Bedeutung, die das Wort jetzt hatte, dauerte es nicht mehr lange, bis es zu einem der gängigsten Schimpfwörter der deutschen Sprache wurde.

O

Oberarsch

Das ist sozusagen die Steigerung von »Arsch«. Während »Arsch« auch mittlerweile freundschaftlich neckend gemeint sein kann, ist die Bezeichnung »Oberarsch« dann doch eher ernst gemeint.

Ochse

In diesem Fall bietet sich wieder ein Tiername als Beleidigung an. Damit meint man einen eher groß und breit gebauten Menschen, der meistens seinen Kopf durchsetzt.

Opfer

Obwohl das Wort »Opfer« ursprünglich die völlig neutrale Bezeichnung eines Zustands war, hat es sich seit ungefähr 1999/2000 zum Schimpfwort gewandelt. Seitdem wird es hauptsächlich im Straßenjargon verwendet und bedeutet dort so viel wie »Loser«, »Verlierer« oder »Versager«. Inzwischen wird der Ausdruck aber auch scherzhaft benutzt, zum Beispiel unter Freunden.

P

Parasit

In der Pflanzen- und Tierwelt ist ein Parasit eine Lebensform, die eine andere als Wirt missbraucht, um selbst überleben zu können. Genau diese Eigenschaft machte das Wort dann auch zu einem prädestinierten Schimpfwort. Es geht dabei um jemanden, der auf Kosten anderer lebt und sich dessen vollkommen bewusst ist. »Parasit« ist die stärkste Form der Beleidigung in dieser Hinsicht. Andere, ähnliche Bezeichnungen sind zum Beispiel »Schmarotzer« oder »Nassauer«. »Parasit« in dieser Bedeutung ist hierzulande schon seit dem 18. Jahrhundert gängig.

Partyluder

Was früher eine Beschimpfung war, kann seit den 1990er-Jahren sogar als schmeichelhaft empfunden werden. Denn eigentlich war ein Partyluder nichts anderes als eine »Schlampe«. Als dann aber einige unbekannte Damen in der Welt der Stars und Sternchen für Furore sorgten und sich mithilfe ihrer zahlreichen Auftritte bei sämtlichen Feiern der Reichen und Schönen auf die Titelseiten der Klatschblätter manövrierten, mauserte sich der Begriff zu einer alltäglichen Bezeichnung.

Penner

Ursprünglich stammt das Nomen vom Verb »pennen« (schlafen, verschlafen) ab. Im 19. Jahrhundert war eine »Penne« aber auch ein heruntergekommener Ort zum Übernachten. Daraus wurde dann umgangssprachlich »Pennbruder« und ab dem 20. Jahrhundert schließlich »Penner«. Seitdem werden damit abfällig Landstreicher bezeichnet oder es wird allgemein als Schimpfwort verwendet.

Petze

Ende des 18. Jahrhunderts war »petzen« ein studentischer Ausdruck für »verraten«. Im Lauf der Zeit bürgerte er sich dann auch bei den Schülern und in Familien unter den Geschwistern ein. Woher der Begriff kommt, ist nicht sicher belegt. Eine Annahme geht davon aus, dass man im 15. Jahrhundert Hündinnen, die Eindringlinge verbellen (also verraten) sollten, auch »Petzen« nannte.

Pfeife/Pfeifenkopf/Pfeifenheini

Das Wort »Pfeife« und dessen Abwandlungen stehen für das Versagen. Eine Pfeife oder einen Pfeifenheini könnte man auch als »Idiot« oder »Depp« bezeichnen.

Pflaume/Pfosten

Beide Ausdrücke haben ungefähr die gleiche Bedeutung: Man meint damit unfähige, ungeschickte Menschen. Besonders populär waren sie gegen Ende des vergangenen Jahrhunderts.

Piefke

Vor allem im österreichischen Raum bekannt, bezeichnet dieses Wort abwertend norddeutsche Touristen. In anderen Zusammenhängen kann »Piefke« auch für einen eingebildeten oder snobistischen Wichtigtuer stehen. Man geht davon aus, dass sich der Begriff nach der Niederlage der Österreicher im Deutschen Krieg 1866 (Italien und Preußen gegen Österreich, Bayern, Württemberg und Hessen) gebildet hat. Damals erschuf der preußische Dirigent J. G. Piefke noch in der letzten Nacht der Schlacht den Marsch zur schon erwarteten Siegesfeier für Preußen und Italien.

Pimmel...

Für diese Bezeichnung des männlichen Geschlechtsteils gibt es beinahe unzählige Wortschöpfungen. Sie gehören zu den häufigsten Standartbeleidigungen:

- Pimmel
- Pimmelficker
- Pimmelkopf
- Pimmelpenner
- Pimmelprinz
- Pimmelschwein
- Pimmelwicht
- Pimmelwurst
- Pimmelzwerg

Piss...

Auch mit der Vorsilbe »Piss« sind unzählige Varianten verfügbar – und es kommen immer wieder neue hinzu:

- Pissbacke
- Pissbirne
- Pissbruder
- Pisser
- Pissfresse
- Pissgurke
- Pissvogel

Pottsau

Eine Pottsau war ursprünglich ein Schwein, das sich von Abfällen ernährt. Denn das Wort »Pott« stand im norddeutschen Sprachraum für »Abfalleimer« oder »Kübel«. Ein Mensch, der sich auf irgendeine Weise ekelhaft verhält, wird seitdem auch als Pottsau bezeichnet. Wobei sich dies auf das Verhalten der Person im alltäglichen Leben bezieht, nicht auf eine Charaktereigenschaft. Meistens wird der Ausdruck in Zusammenhang mit Schmutz und Dreck verwendet.

Prolet, Proll oder Prolo

Der Begriff »Prolet« hat eine sehr lange etymologische Geschichte. Denn schon im alten Rom gab es den sogenannten »proletarius«, was so viel wie »der untersten Bevölkerungsschicht angehörig« hieß. Später dann, im 19. Jahrhundert, wurde das »Proletariat«, also die Arbeiterschicht, durch Marx und Engels ein weltweites Schlagwort. Erst gegen Ende des 19. Jahrhunderts wurde daraus dann eine Beleidigung und dem folgend ein Schimpfwort. Seit dieser Zeit ist »Prolet« eine abschätzige Bezeichnung für Menschen ohne Bildung und Umgangsformen.

Q

Quadratarschloch

Das ist die Steigerungsform von »Arschloch« und wird im Grunde nur dann benutzt, wenn der Beschimpfer wirklich kurz davor ist, seinen Worten auch noch Taten folgen zu lassen.

Quatschkopf

Eine einfache Zusammensetzung, bei der die Erklärung in den Begriffen selbst liegt – ein Kopf, der zu viel quatscht. Das Wort kann sowohl als richtige Beleidigung als auch zum Spaß eingesetzt werden.

Quälgeist

Dieses Schimpfwort bezieht sich direkt auf die Bedeutung der Wörter: Jemand, der anderen auf den Geist geht und sie damit regelrecht quält, wird auch heute noch als »Quälgeist« betitelt.

Quengler

Eine Person, die das Quengeln – ein permanentes, weinerliches Drängen oder Klagen – nicht sein lassen kann.

Querulant

Seit dem 16. Jahrhundert ist der Begriff »querulieren« (sich beklagen) dokumentiert. Daraus entstand dann im 18. Jahrhundert »Querulant« – eine Person, die sich immer sofort beschwert beziehungsweise an allem herumnörgelt.

R

Rabauke

—◦•◦—

Obwohl es langsam, aber sicher aus der Mode gerät, sagt das Wort bis jetzt jedem etwas. Im 16. Jahrhundert war ein Rabauke noch ein Stallknecht oder Strolch. Ab dem 19. Jahrhundert nannte man einen rüpelhaften und sich ungesittet aufführenden, meist eher jungen Mann so; ein Synonym wäre »Rüpel«. Inzwischen wird der Ausdruck, wenn überhaupt, meistens im Zusammenhang mit stürmischen Kleinkindern verwendet.

Raffzahn

—◦•◦—

Der Begriff kommt von »raffen« (an sich reißen, gierig sein). Ausgehend von dieser Bedeutung entstand dann im 19. Jahrhundert auch das Wort »Raffgier«. »Raffzahn« nannte man dann einen raffgierigen Menschen. Aber abgesehen von dieser Bedeutung gab es tatsächlich einen Raffzahn: Früher bezeichnete man so einen vorstehenden Schneidezahn, der wie ein Reißzahn aussah und damit die Vorstellung nahelegte, dass damit etwas gerissen oder gerafft werden soll.

Ratten...

Auch in diesem Fall muss ein Tier für ein Schimpfwort Pate stehen. Die Ratte ist dafür natürlich geradezu perfekt geeignet, da sie für die meisten Menschen ein Symbol für Unsauberkeit, Verschlagenheit und Ekel ist. Inzwischen weiß man zwar, dass die Tiere überaus sozial und intelligent sind, aber nichtsdestotrotz werden damit im Allgemeinen hauptsächlich negative Attribute assoziiert. Das ist wahrscheinlich einer der Gründe, warum sich »Ratte« als Schimpfwort so lange hält. Ein anderer ist bestimmt die Vielfalt der Variationsmöglichkeiten – zumindest was die Erweiterung zu anderen Schimpfwörtern betrifft, wie etwa Rattenarsch, Rattenfresse oder Rattensohn.

Rotzlöffel

Kommt ursprünglich von »Laffe«, was vom 15. bis Anfang des 19. Jahrhunderts ein anderer Ausdruck für »Flegel« war. Mit der Zeit wurde daraus »Läffel« und dann »Löffel«. Bereits im 16. Jahrhundert kannte man dann den »Rotzlöffel« als unerzogenen und frechen Balg, der den Erwachsenen das Leben oft schwer machen konnte.

S

Sack...

In Bezug auf das männliche Geschlechtsteil ein Evergreen in der Parade der Schimpfwörter. Auch hierbei bietet sich an, diverse Umformungen vorzunehmen:

- Sackgesicht
- Sacknase
- Sackratte
- Sacksau
- Sacktreter
- Sackzipfel

Sau...

Wenn man sich die Schimpfwortkombinationen, die es mit der Vorsilbe »Sau« gibt, ansieht, könnte man den Eindruck gewinnen, dass sie des Deutschen liebste Schimpfwörter sind. Sie haben sich schon immer als Beleidigung angeboten und das wird sich, so wie es aussieht, wohl auch in den nächsten Jahren nicht ändern:

- Saubacke
- Saubär
- Saubeutel
- Saubock
- Sauhund
- Sauhure
- Saukopf

Scheiße

Bevor man sich der mannigfaltigen Möglichkeiten, die das Wort »Scheiße« als Schimpfwort in verschiedenen Zusammensetzungen widmet, sollte man sich den Ausgangspunkt ansehen. Dieser ist Ursprung aller folgenden Schimpfwörter-Kreationen und im Gegensatz dazu selbst kein Schimpfwort, sondern vielmehr ein Fluch. Mit »Scheiße« wird auf einen Moment oder eine Situation reagiert, während man mit dem Schimpfwort eine Person betitelt. Als Beispiel: »… so eine Scheiße!« vs »… du Scheißhausratte!«

Der Begriff »Scheiße« als umgangssprachliche Bezeichnung für die Ausscheidungen von Menschen oder Tieren kommt zumeist dann ins Spiel, wenn jemandem etwas Schlimmes oder Ungewolltes passiert ist. Seit 1934 wird der Fluch im Duden geführt. Doch schon im Mittelhochdeutschen war der Begriff an sich bekannt, der ursprünglich auf das indogermanische Wort für »trennen, scheiden« zurückgeht.

Scheiß...

Nachdem das Wort »Scheiße« an sich zum meistgenutzten Fluch in Deutschland wurde, war es nur eine Frage der Zeit, bis sich daraus auch weitere Schimpfwörter bildeten. Dabei sind der Fantasie keine Grenzen gesetzt und wer möchte, kann jeden Tag eine Neuschöpfung erfinden:

- Scheißarsch
- Scheißebatzen
- Scheißeesser
- Scheißefresser
- Scheißekopf
- Scheißelutscher
- Scheißhausratte
- Scheißwichser

Scheißtag

Dieser Begriff hat einen besonders interessanten Hintergrund. Meint man heute damit einen Tag, der insgesamt schlecht verlaufen ist, so wurde das Wort im 18. Jahrhundert noch sehr viel konkreter verwendet: Mägde, Knechte und andere Dienstboten wurden nämlich nur für die Zeit bezahlt, in der sie auch wirklich gearbeitet hatten. Da sie natürlich auch während ihrer Arbeit einige Zeit auf der Toilette verbrachten, wurde diese Zeit zusammengerechnet und als sogenannte »Scheißtage« vom Lohn abgezogen oder musste nachgearbeitet werden.

Schlampe

Dass dieses Schimpfwort aktuell ist, beweist die Sprache selbst. Aber woher kommt es eigentlich? Der Ursprung liegt weit zurück, denn schon im 15. und 16. Jahrhundert verstand man unter »schlampen« Nachlässigkeit und Unordnung. Bereits hundert Jahre später, im 17. Jahrhundert, verwendete man dann den Begriff »Schlampe«, wenn man von einer ungepflegten und nachlässigen Frau sprach. Der sexuelle Aspekt dieser Beleidigung kam erst später hinzu.

Schlappschwanz

Eines der äußerst beliebten Schimpfwörter. Warum es in die immerwährende Riege gelangt ist, weiß man nicht. Wahrscheinlich ist, dass diese Beleidigung, die auf eine empfindliche Stelle der Männlichkeit abzielt, immer wieder ihren Dienst tut: Sie verletzt zutiefst. Denn »Schlappschwanz« bezieht sich am Ende nicht nur auf die fehlende Männlichkeit, sondern auf das gesamte Dasein einer Person, der man auf diese Weise mitteilt, dass alles, was sie tut, falsch und nichts wert ist.

Schlauberger/Schlaumeier

Diese beiden Wörter gehören inzwischen schon eher zu den charmanten, etwas verstaubten Beleidigungen. Trotzdem kann man sie immer wieder hören. Was den Ursprung betrifft, ist die Geschichte allerdings durchaus interessant, denn Bezeichnungen wie »Schlaukopf« gab es schon seit dem 18. Jahrhundert. Aber die Komponenten »Berger« und »Meier« kamen erst im 19. Jahrhundert dazu. Man geht davon aus, dass man damals einfach die gängigsten Nachnamen, bei denen man häufig an Nachbarn oder andere Bekannte dachte, an die Vorsilbe »Schlau« hängte. Damit hatte man eine ziemlich gute Trefferquote, dass sich der Beleidigte auch gleich persönlich angesprochen fühlte.

Schleim...

Der »Schleim«, der oft als schmierig und eklig wahrgenommen wird, gibt einiges her, wenn es ums Beleidigen geht:

- Schleimbeutel
- Schleimbrocken
- Schleimer
- Schleimi
- Schleimscheißer

Schmarotzer

Wahrscheinlich hat das Wort seine Wurzeln bereits im 15. Jahrhundert. Damals benutzte man »schmorotzen« als Synonym für »betteln«. Im 16. Jahrhundert war man als »Schmarotzer« schon jemand, der auf Kosten anderer lebte. Diese Bedeutung ist über die Jahrhunderte geblieben und bietet sich auch heute noch neben dem »Nassauer« als Beleidigung an.

Schmok

In Deutschland ungefähr seit Mitte des 19. Jahrhunderts verbreitet. Das Wort stammt von dem jiddischen »schmo« ab, was so viel wie »Idiot« heißt. Mit »Schmok« meint man entweder einen tölpelhaften oder einen arroganten, opportunistischen Menschen.

Schrapnelle

Eigentlich ist »Schrapnell« die Bezeichnung für eine Artilleriegranate. Vielleicht hat dies irgendwann dazu geführt, einen Vergleich mit Frauen zu ziehen, die als unattraktiv oder unangenehm gelten. Jedenfalls hat sich die Bezeichnung schon gut über ein halbes Jahrhundert gehalten.

Schrulle

Kommt dem Begriff »Schrapnelle« relativ nah, wobei sie sich dann doch auch durch andere »Merkmale« zeigt. Im Gegensatz zur Schrapnelle ist eine Schrulle nicht ganz so aggressiv, dafür aber umso merkwürdiger. Im 18. Jahrhundert begann man damit, sonderliches oder launisches Verhalten als »schrullig« zu bezeichnen. Gleichzeitig entstand das entsprechende Nomen. »Schrulle« wurde von nun an immer gern verwendet, wenn es um launische, laute oder auch wunderliche Frauenzimmer ging.

Schwachkopf

Eine genauso einfache wie eingängige Kombination – ein »schwacher Kopf« kann nicht besonders klug sein. Deshalb hat sich dieses Synonym für »Idiot« durchgesetzt und gehalten.

Schwachmat

Obwohl sich der Begriff so anhört, als wäre er in den letzten Jahrzehnten entstanden, geht man davon aus, dass es ihn schon seit ungefähr 1700 gibt. Zu dieser Zeit wurde der Begriff »Schwachmatikus« in Studentenkreisen verwendet, wenn man jemanden aufgrund seiner allgemeinen Schwächlichkeit beleidigen wollte. Heute wird die Bezeichnung eher als Synonym für »Idiot« benutzt.

Schwätzer

Den »Schwätzer« gibt es schon lange und wahrscheinlich in jeder Sprache – und es ist auch nicht davon auszugehen, dass er jemals ausstirbt.

Schwanz...

Logischerweise bietet das Wort »Schwanz« als Vorsilbe immer eine äußerst beliebte Vorlage, wenn es ums Beleidigen geht, wie in diesen Beispielen:

- Schwanzbacke
- Schwanzfresse
- Schwanzgesicht
- Schwanzhirn
- Schwanzkopf
- Schwanzlurch
- Schwanzlutscher
- Schwanznase
- Schwanzprolet
- Schwanzwichser

Schwein...

— • —

Im Schimpfwörterbereich mindestens genauso beliebt wie »Sau«.
Deshalb ist es nicht verwunderlich, dass es auch hier unzählige
Wortschöpfungen gibt:

- Schweinebacke
- Schweinebastard
- Schweinefresse
- Schweinsgesicht
- Schweinenase
- Schweinepimmel
- Schweinesohn
- Schweinskopf

Schwuchtel

— • —

Diese Beleidigung, die auf homosexuelle Männer abzielt, ist wahrscheinlich im 20. Jahrhundert entstanden. Woher der Begriff genau
kommt, ist unklar, aber man geht davon aus, dass er von »schwuchten« oder auch »schwanken« kommen könnte. »Schwuchten« war
die Beschreibung für einen Menschen, der beim Gehen die Hüften
übermäßig schwingt.

Snob

Diese Bezeichnung für einen überheblichen Wichtigtuer existiert schon seit Mitte des 18. Jahrhunderts. Zu dieser Zeit nannte man in englischen Studentenkreisen Menschen, die es nicht auf die bekannten Universitäten wie Cambridge geschafft hatten, »snob«. Damals war der Begriff umgangssprachlich und bedeutete so viel wie »Flickschuster«. Damit wollte man zum Ausdruck bringen, dass es sich um einen Menschen ohne Herkunft und guten Geschmack handelte. Auch im 19. Jahrhundert war der Begriff nur in England bekannt. Erst im 20. Jahrhundert breitete er sich dann aus und kam auch nach Deutschland. Seitdem steht er für einen arroganten, blasierten Menschen, der sich anderen gegenüber gern überlegen zeigt, bei genauerem Hinsehen aber im Grunde genommen nichts zu bieten hat.

Spacko/Spast

Diese beiden Schimpfwörter haben in den letzten Jahren wieder einen »Aufschwung« erlebt. Ursprünglich hatten sie ihre Hochphase in den 1980er-Jahren und bezogen sich auf geistig behinderte Menschen, meist Kinder. Nachdem sie dann einige Zeit auf Grund ihrer diskriminierenden Art fast aus dem Wortschatz verschwunden waren, kamen sie vor einigen Jahren wieder in »Mode«. Sie werden seitdem hauptsächlich im Jugendjargon benutzt.

Spießer/Spießbürger

Den »Spießer« gibt es schon seit dem 17. Jahrhundert. Auch damals stand der Begriff für einen engstirnigen, kleinkarierten Bürger. Entstanden war die Beleidigung in der Studentensprache. Der »Spießbürger« war ein durchschnittlicher Bürger, der mit einem Spieß bewaffnet und zu Fuß in den Kampf zog. Da diese Art Soldat zur damaligen Zeit keinen allzu guten Ruf hatte, nutzte man den Begriff als Beleidigung. Im 19. Jahrhundert wurde daraus dann kurz – der »Spießer«.

Streber

In der Schülersprache schon seit dem 18. Jahrhundert bekannt. Das Wort war ein Synonym für einen Ehrgeizling, der ohne Widerstand zu leisten sein Ziel verfolgte, in dem er strebsam alles tat, was von ihm verlangt wurde. Daran hat sich auch bis heute nichts geändert – und deshalb kann es auf eine über 300-jährige Geschichte zurückblicken.

Stricher

Anfang des 20. Jahrhunderts bezeichnete man junge homosexuelle Männer so, die sich zur Prostitution anboten. Daran hat sich bis heute nichts geändert. »Stricher« gilt als äußerst abwertende Bezeichnung, da es sich bei den jungen Männern meistens um mittellose oder drogenabhängige Jugendliche handelt, denen in ihrer Situation nichts anderes übrig bleibt, als sich selbst auf einschlägigen Plätzen, zum Beispiel Bahnhöfen, anzubieten. Da diese Art der Prostitution auf Grund der Lebensumstände ausgeübt wird und deshalb nicht immer wirklich freiwillig ist, kann man »Stricher« als sehr erniedrigende Beleidigung einstufen.

T

Teufel...

Natürlich darf »Teufel« in der Riege der Schimpfwörter nicht fehlen. Denn was wäre eine ordentliche Beleidigung oder ein Fluch ohne den bekanntesten aller Bösewichte? Denn die Vorstellung vom Teufel als die Ausgeburt der Sünde und Boshaftigkeit an sich, gibt es bereits seit Niederschrift der Bibel. Aus dem kirchenlateinischen »diabolus« wurde im 8. Jahrhundert »tiufal«, woraus sich dann der noch heute bekannte Begriff »Teufel« entwickelte. Mit der Nutzung des Wortes im alltäglichen Sprachgebrauch kamen schließlich immer mehr Zusammensetzungen zustande, die man auch heute noch kennt, zum Beispiel Teufelsbraten, Teufelsgeburt, Teufelshexe oder Teufelshure.

Tölpel/Tollpatsch

Den einfältigen und ungeschickten »Tölpel« gibt es schon seit dem 16. Jahrhundert. Das Wort sagt letztendlich das Gleiche aus wie der wesentlich »jüngere« Begriff »Tollpatsch«.

Träumer

Obwohl sich dieses Wort auf den ersten Blick nicht gleich als Schimpfwort zeigt, ist es – im richtigen Moment eingesetzt – durchaus treffsicher. Denn wird man zum Beispiel im Job als »Träumer« bezeichnet, weiß man, dass man doch einiges falsch gemacht hat.

Trampel/Trampeltier

Gerade für die Damenwelt ist »Trampel« ein wirklich ernstzu-
nehmendes Schimpfwort. Eine Frau, die als »Trampel« oder
»Trampeltier« bezeichnet wird, kann das so schnell nicht vergessen
und fühlt sich vermutlich aufs Tiefste entwürdigt. Gemeint ist damit
eine ungeschickte und schwerfällige Person.

Trottel

Ein Klassiker unter den Beleidigungen. Schon im 15. und 16. Jahrhundert nannte man eine Mischung der Gangarten Trab und Ga-
lopp in der Reiterei »Trott«. Es ist ein gemächliches »Latschen«,
das immer auf die gleiche Weise abläuft. Im 17. Jahrhundert kam
dann das Verb »trotteln« auf. Es beschrieb einen langsamen und
zögerlichen Gang. Später dann, im 19. Jahrhundert, war »Trottel«
ein Synonym für »Schwachsinniger«. Die Bedeutung milderte sich
schließlich zum Ende des 19. Jahrhunderts hin ab und bezeichnete
nun einen einfältigen oder willensschwachen Menschen.

Tussi

Die eigentliche Herkunft der Bezeichnung ist der weibliche Vorname »Tusnelda«. Ob sich zu Zeiten, als der Name noch modern war, gerade sehr viele Damen namens Tusnelda außergewöhnlich affektiert verhielten, ist nicht übermittelt. Auf alle Fälle hat sich die Abkürzung »Tussi« gerade im vergangenen Jahrhundert als gern benutzte Beschimpfung herauskristallisiert. Inzwischen ist sie aber auch in bestimmten Zusammenhängen gleichzusetzen mit »Bitch« oder »Partyluder«.

U

Unmensch

Die Bezeichnung für einen grausamen Menschen ist wesentlich älter, als man annehmen mag. Schon im Spätmittelhochdeutschen gab es den Begriff und auch damals meinte man damit schon eine Person, welche die Bezeichnung »Mensch« auf Grund ihrer Boshaftigkeit nicht verdient hat.

Unsympath

Als Gegenstück zu »Sympath« gehört dieses Wort mittlerweile zu den Klassikern. Es gibt wohl kaum eine kürzere und prägnantere Art, jemandem mitzuteilen, was man von ihm hält.

Unterhosenbügler

Eine moderne Form für »Spießer«; dennoch kann dieses Schimpfwort dem althergebrachten Begriff nicht den Rang ablaufen.

Verdammt

—◆—

Seinen Ursprung hat dieser Fluch im Lateinischen »damnare«, was so viel wie »büßen« oder »verurteilen« bedeutet. Aufgrund dieser Bedeutung wurde es schon im 16. Jahrhundert hauptsächlich im sakralen Kontext verwendet. Von »verdammen« sprach man, wenn jemand aus der kirchlichen Gemeinde ausgeschlossen werden sollte. Man sprach von einem »Verdammten« oder man wurde dazu »verdammt«, in die Hölle zu fahren – denn dort sollte man seine Sünden »büßen«. Schon damals wurde das Wort als Fluch benutzt und hat sich bis heute gehalten.

Verlierer

—◆—

Gehört zu den Schimpfwörtern, die in einem Begriff alles sagen. »Verlierer« als Beschimpfung und Bezeichnung gibt es bereits seit dem 17. Jahrhundert. Damals bezog sich das Wort allerdings eher auf den Verlierer eines Kriegs, Wettkampfs oder Spiels. Später wurde daraus dann immer mehr ein eigenständiges Schimpfwort, das sich vor allem auf die Lebenssituation der betreffenden Person bezieht.

Verräter

Das Nomen »Verräter« war schon im Mittelhochdeutschen ein beleidigender Begriff. Doch man kann davon ausgehen, dass es diese Beleidigung schon seit Beginn der Sprache an sich gegeben hat, gehört der Verrat doch zur Menschheit wie kaum ein anderes Attribut.

Versager

Ein Versager hat wohl nichts im Leben richtig gemacht. Auf diese Weise gehört das Wort, obwohl es schon lange existiert, immer noch zum aktuellen Wortschatz beinahe jeder Sprache. Im 16. Jahrhundert sprach man in diesem Zusammenhang noch eher von einem »Verleumder«, am Ende hat sich »Versager« dann aber doch durchgesetzt.

Volldepp/Vollidiot

Diese beiden Beleidigungen sind selbsterklärend und vielleicht auch gerade deswegen nach wie vor in unserer Sprache zu finden.

Vollkoffer

—•————•————•—

Auch wenn die Bezeichnung dazu verleiten mag, dass man sich fragt, wie es ein Reiseutensil zum Schimpfwort geschafft hat, ist man auf dem Holzweg. »Koffer« stammt von dem Begriff »Kaffer« aus dem Rotwelschen (auch: Gaunersprache) ab, der ursprünglich für »Idiot« stand.

Vollpfosten

—•————•————•—

2013 wurde »Vollpfosten« offiziell im Duden aufgenommen. Die Beleidigung kommt wahrscheinlich von der Vorstellung, dass die beleidigte Person anscheinend nicht mehr Grips als ein Pfosten haben kann.

Waldschrat

Das Wort ist zwar nicht mehr überall in Deutschland geläufig, trotzdem hat es eine lange Daseinsgeschichte und taucht immer wieder auf. Im 9. Jahrhundert war »Schrat« die Bezeichnung für einen Waldgeist – eine Art Kobold. Mit der Zeit wurde der Ausdruck ein Synonym für einen merkwürdigen Menschen mit leicht verwahrlostem Aussehen.

Warmduscher

Im vergangenen Jahrhundert so etwas wie der Startschuss für alles, was in dieser Richtung noch erfunden werden sollte. Der Ausdruck für einen bequemen und in gewisser Weise auch feigen Menschen wurde bald gefolgt von ähnlichen Bezeichnungen wie Elektrogriller, Gurtanleger oder Bedienungsanleitungsleser.

Waschlappen

Die Eigenschaften des Waschlappens wurden hier zum Attribut des Schimpfworts. Wer als Waschlappen bezeichnet wird, ist schlaff, manchmal auch schmutzig und vor allem langweilig.

Weichei

Entspricht dem »Waschlappen«, wobei hier auch noch unterschwellig Bezug auf die männlichen Genitalien genommen wird.

Wichser

Wenn man gleich davon ausgeht, dass sich diese Beleidigung ausschließlich auf die Onanie bezieht, liegt man falsch. Denn ursprünglich kommt der Begriff von »Wachs«, beziehungsweise »wachsen«. Damit beschrieb man früher Reinigungsvorgänge wie den Boden oder Schuhe wachsen – man sprach auch vom »Stiefelwichsen«. Mittlerweile haben sich unzählige Zusammensetzungen mit »Wichser« entwickelt, wie etwa:

- Wichsbeutel
- Wichsbolzen
- Wichsfrosch
- Wichsgriffel
- Wichskeks
- Wichslappen
- Wichstüte

Wichtigtuer

Hier liegt die Erklärung in den Bestandteilen des Wortes selbst – jemand der sich wichtigtut, tut so, als wäre er wichtig und hält meistens nicht, was er verspricht.

Witzfigur

Das hört sich zuerst lustig an, ist aber letzten Endes eine durchaus ernst zu nehmende Beleidigung. Denn wer möchte schon eine lächerliche Figur abgeben oder als solche bezeichnet werden?

Wucherer

Unter Geschäftsleuten eine echte Beschimpfung. Schon 1100 war der Begriff »Wucherer« bekannt und man meinte damals damit schon dasselbe wie heute: einen Menschen, der zu viel Geld verlangt. Damals bezog es sich allerdings noch ausschließlich auf die Zinsen, die Geldverleiher verlangten. Inzwischen wird das Wort generell bei zu hohen Preisen benutzt.

Y

Yak

Wenn man als »Yak« bezeichnet wird, ist damit sozusagen die moderne Form von »Rindvieh« gemeint. Denn ein Yak ist nichts anderes als eine Rinderart, die in Zentralasien beheimatet ist.

Yuppie

In den 1980er-Jahren entstand im englischsprachigen Raum ein neues Schimpfwort: »Yuppie«, eine Kurzform von »young urban professional«. Es stand in Verbindung mit dem damaligen Hype in den Großstädten, als immer mehr karrierebewusste junge Menschen zu mittelständischen Geschäftsleuten wurden. Diesen Erfolg lebten sie recht offensichtlich aus und genossen ihr Leben. Seitdem steht »Yuppie« für einen jungen »Wichtigtuer«.

Z

Zecke

Die Zecke, ein schon seit dem 11. Jahrhundert bekannter Blutsauger, hatte wohl noch nie viele Sympathisanten. Kein Wunder also, dass sich der Begriff zu einem Schimpfwort entwickelte. In diesem Fall ist die Beleidigung aber von politischer Natur. Denn die Beleidigung »Zecke« entstand in Gruppen des Rechtextremismus und wurde/ wird speziell für links gerichtete Gruppierungen wie zum Beispiel Punks verwendet. Mit dieser Art der Wortschöpfung halten sich Rechtsextreme an die schon früher im Nationalsozialismus gebräuchlichen Muster, die Gegner mit Tieren, insbesondere Insekten zu vergleichen.

Zicke/Zimtzicke

Eine »Zicke« war im Mitteldeutschen einfach eine weibliche Ziege und noch weit entfernt von einem Schimpfwort. Irgendwann hat man dann wohl Ähnlichkeiten zum weiblichen Geschlecht entdeckt – zumindest, wenn es darum ging, eine Frau beleidigen zu wollen. Da kam das störrische Wesen einer Ziege, gepaart mit ihrem dauerhaften Meckern, gerade recht. Das Wort »Zimtzicke« verstärkt die Bedeutung noch. Denn mit »Zimt« ist nicht etwa das Gewürz gemeint – im Rotwelschen bedeutete dies »Geld« oder »Gold«, was im 19. Jahrhundert wiederum umgangssprachlich ins Gegenteil verkehrt wurde. So ist die Zimtzicke eine Frau, die wegen jeder Nichtigkeit meckert.

Zipfel...

Als Synonym für »Penis« erfreut sich diese Bezeichnung immer wieder großer Beliebtheit, wenn es um Beleidigungen geht. Das Repertoire reicht dabei einfach von »Zipfel« bis hin zu abenteuerlichen Wortkombinationen, die eine gewisse Portion Fantasie voraussetzen, um verstanden zu werden:

- Zipfelbär
- Zipfeldreher
- Zipfelhuber
- Zipfelklatscher
- Zipfelknecht
- Zipfelreißer
- Zipfelzieher

Zuagroaster

Dieses Wort gibt es nur in Bayern. So werden Menschen bezeichnet, die nicht ursprünglich aus Bayern kommen, sondern eben zuagroast (zugezogen) sind. »Zuagroaster« ist eine nicht zu unterschätzende Beleidigung da sie, wenn sie benutzt wird, meistens todernst gemeint ist. Denn es gibt zwar einiges, was dem ordentlichen, grantlhuberischen Bayern nicht passt – aber ein »Zuagroaster«, der sich als solcher durch ein bestimmtes Benehmen outet, gehört definitiv an die Spitze der unliebsamen Dinge und muss deswegen auch unbedingt mit einem passenden Schimpfwort bedacht werden.

Petra Cnyrim

DAS BUCH DER SCHIMPF-WÖRTER UND FLÜCHE

Mop-pel-kot-ze, *die:* eigentlich ein Eintopf, umgangssprachlich für etwas Ekliges

As-lak, *der:* von türk. »asalak« für »Schmarotzer, Parasit«

Brunz-kachl, *die:* von bair. »brunzn« für »Wasser lassen«, althdt. »kahhala« für »Kochgeschirr«, abwertende Bezeichnung für eine (alte) Frau

Bibliografische Information der Deutschen Nationalbibliothek
Die Deutsche Nationalbibliothek verzeichnet diese Publikation in der Deutschen Nationalbibliografie. Detaillierte bibliografische Daten sind im Internet über http://dnb.d-nb.de abrufbar.

Für Fragen und Anregungen
info@rivaverlag.de

Wichtiger Hinweis
Ausschließlich zum Zweck der besseren Lesbarkeit wurde auf eine genderspezifische Schreibweise sowie eine Mehrfachbezeichnung verzichtet. Alle personenbezogenen Bezeichnungen sind somit geschlechtsneutral zu verstehen.

Originalausgabe
1. Auflage 2021
© 2021 by riva Verlag, ein Imprint der Münchner Verlagsgruppe GmbH
Türkenstraße 89
80799 München
Tel.: 089 651285-0
Fax: 089 652096

Redaktion: Ulrike Reinen
Umschlaggestaltung: Marc-Torben Fischer
Umschlagabbildung: shutterstock.com/Mario7
Satz: Carsten Klein, Torgau
Druck: CPI books GmbH, Leck
Printed in Germany

ISBN Print 978-3-7423-1616-5
ISBN E-Book (PDF) 978-3-7453-1313-0
ISBN E-Book (EPUB, Mobi) 978-3-7453-1314-7

Wir produzieren nachhaltig
www.m-vg.de

— Weitere Informationen zum Verlag finden Sie unter —
www.rivaverlag.de
Beachten Sie auch unsere weiteren Verlage unter www.m-vg.de